新时代智库出版的领跑者

中国智库AMI综合评价研究报告（2021）

AMI COMPREHENSIVE EVALUATION RESEARCH
REPORT ON CHINESE THINK TANKS (2021)

国家智库报告 2022（33）
National Think Tank
社会·政法

荆林波 主编　胡薇 副主编

中国社会科学出版社

图书在版编目(CIP)数据

中国智库 AMI 综合评价研究报告 . 2021 / 荆林波主编 . —北京：中国社会科学出版社，2022.10
（国家智库报告）
ISBN 978-7-5227-1011-2

Ⅰ. ①中… Ⅱ. ①荆… Ⅲ. ①咨询机构—研究报告—中国—2021 Ⅳ. ①C932.82

中国版本图书馆 CIP 数据核字（2022）第 214177 号

出 版 人	赵剑英
项目统筹	王　茵　喻　苗
责任编辑	周　佳
责任校对	周　昊
责任印制	李寡寡

出　版	中国社会科学出版社
社　址	北京鼓楼西大街甲 158 号
邮　编	100720
网　址	http://www.csspw.cn
发 行 部	010-84083685
门 市 部	010-84029450
经　销	新华书店及其他书店

印刷装订	北京君升印刷有限公司
版　次	2022 年 10 月第 1 版
印　次	2022 年 10 月第 1 次印刷

开　本	787×1092　1/16
印　张	14.75
插　页	2
字　数	188 千字
定　价	79.00 元

凡购买中国社会科学出版社图书，如有质量问题请与本社营销中心联系调换
电话：010-84083683
版权所有　侵权必究

课题主持人

  荆林波 中国社会科学评价研究院党委书记、院长、研究员

课题组核心成员

  胡　薇 中国社会科学评价研究院机构与智库评价研究室主任、副研究员

  刘晓玉 中国社会科学评价研究院机构与智库评价研究室助理研究员

  王彦超 中国社会科学评价研究院机构与智库评价研究室研究实习员

  王　飞 中国社会科学院拉丁美洲研究所副研究员

  陆屹洲 中国社会科学评价研究院机构与智库评价研究室助理研究员

  张蓉蓉 中国社会科学评价研究院机构与智库评价研究室科研助理

序　言

本书的序言，我想就智库、智库评价做一些分享。首先，从中国社会科学院的演变来谈谈我国智库的发展；其次，从中国社会科学评价研究院的演变来分享我们对智库评价的理解。

（一）中国社会科学院与智库体系建设

打开中国社会科学院的网站，现在是这样介绍的：中国社会科学院是中国哲学社会科学研究的最高学术机构和综合研究中心。①

其实，这个表述反映出中国社会科学院作为研究机构的重要性。比如，2002年7月16日，时任中共中央总书记、国家主席、中央军委主席江泽民考察中国社会科学院时对加强哲学社会科学建设提出了五点要求。第一，要坚持以马克思主义为指导。第二，要坚持解放思想、实事求是。第三，要坚持"二为"方向和"双百"方针。第四，要坚持优良的学风。第五，要坚持和改善党对哲学社会科学事业的领导。② 从这里可以看出，中国社会科学院仍然是以哲学社会科学研究机构为重。

---

① 见中国社会科学院网站（http：//cass.cn/gaikuang/）。
② 《考察中国社会科学院时的重要讲话》，2002年7月16日，央视网，http：//www.cctv.com/special/756/1/50459.html。

而我们通常所说的党中央对中国社会科学院提出的三大定位是马克思主义的坚强阵地、中国哲学社会科学研究的最高殿堂、党中央国务院重要的思想库和智囊团。第三个定位"思想库和智囊团"就是智库的职能定位，明确了中国社会科学院的特殊定位。

2015年1月，中共中央办公厅、国务院办公厅印发《关于加强中国特色新型智库建设的意见》，文件中明确提出，"发挥中国社会科学院作为国家级综合性高端智库的优势，使其成为具有国际影响力的世界知名智库"。[①]

2022年4月，中国机构编制网发布了最新版的《中国社会科学院职能配置、内设机构和人员编制规定》，明确指出：中国社会科学院是马克思主义的理论阵地、为党中央和国家决策服务的思想库、中国哲学社会科学研究的最高学术机构和全国哲学社会科学综合研究中心，[②] 可见以下三点变化：

第一，马克思主义的"坚强阵地"变成了马克思主义的"理论阵地"。

第二，智库的地位提升到第二位，而且服务对象明确是"党中央和国家决策"，比过去"党中央和国务院"的范围扩大了。

第三，中国哲学社会科学研究的最高学术机构和全国哲学社会科学综合研究中心，这次突出了"全国哲学社会科学综合研究中心"，反映出在新时代新兴学科、交叉学科的兴起下，对综合研究的需求较大。

[①] 《中共中央办公厅、国务院办公厅印发〈关于加强中国特色新型智库建设的意见〉》，2015年1月20日，中华人民共和国中央人民政府网站，http://www.gov.cn/xinwen/2015-01/20/content_2807126.htm。

[②] 《中国社会科学院职能配置、内设机构和人员编制规定》，2022年4月27日，中国机构编制网，http://www.scopsr.gov.cn/jgbzdt/gg/202204/t20220427_384095.html。

关于中国特色新型智库的建设，中国社会科学院在2015年提出分院、所、专业实体智库三个层次。后来逐步演变成：以中国社会科学院综合性智库为统领、专业化智库为重点、研究院所为支撑的院级、专业化智库和研究所三位一体的智库体系。

第一层次是综合性智库。2015年12月共有25家机构入选首批国家高端智库建设试点单位，2018年中共中央党校和国家行政学院的职责整合，组建新的中共中央党校（国家行政学院），因此25家国家高端智库建设试点单位变为24家。其中，中国社会科学院入选综合性智库，中国社会科学院国家金融与发展实验室、中国社会科学院国家全球战略智库入选专业化智库。一个机构同时有三家国家高端智库，显示出中国社会科学院的特殊地位。

第二层次是专业化智库，中国社会科学院从2015年5月启动院内专业化智库建设，首批启动11家新型智库，分别是马克思主义理论创新智库、意识形态研究智库、财经战略研究院智库、国家金融与发展实验室智库、生态文明研究智库、国家治理研究智库、新疆智库、中国文化研究中心智库、国家全球战略智库、世界经济与政治研究所智库、中国廉政研究中心智库。到2021年12月，中国社会科学院宗教研究智库宣布成立，这样，中国社会科学院的专业化智库数量达到24家。

我们相信，随着经济发展、社会进步、国际交流增强，未来还会有新的专业化智库应运而生。

（二）中国社会科学评价研究院与智库评价

中国社会科学评价研究院的前身为2013年12月成立的中国社会科学院中国社会科学评价中心。2017年7月，经中央机构编制委员会办公室批准，中国社会科学评价研究院正式成立。2019年4月中国社会科学院批准在中国社会科学评价研究院增设"全国哲学社会科学诚信管理办公室"。

中国社会科学评价研究院的主要目标：推动建成国家级哲学社会科学评价中心，进一步发挥在学术评价、学术规范、科研诚信方面的引领作用。中国社会科学评价研究院的职责定位：切实履行"制定标准、组织评价、检查监督、保证质量"的评价定位和科研诚信管理的职责定位，构建中国特色哲学社会科学学术评价体系，制定和完善中国哲学社会科学评价标准，参与制定国际学术评价标准，承担和协调全国哲学社会科学学术评价工作；加强哲学社会科学科研诚信体系建设，统筹指导全国哲学社会科学科研诚信管理工作。

中国社会科学评价研究院发布《中国人文社会科学期刊评价报告（2014）》（荣获中国社会科学院2014年度创新工程重大科研成果奖），以此开启了综合评价AMI指标体系的探索。

2015年我们发布的《全球智库评价报告（2015）》是中国研究机构推出的首份全球智库评价报告，《全球智库评价报告（2015）》与"全球智库评价AMI指标体系"双双荣获"中国社会科学院2015年度创新工程智库研究重大成果奖"，该报告的发布入选2015年度中国智库界十大事件之一。特别是我们对美国学者詹姆斯·麦甘的《全球智库报告》做了较为客观的评价，2016年我本人与麦甘在香山全球智库论坛上做了面对面的交流，提高了中国社会科学评价研究院在智库评价领域的地位。

2016年，我们开始关注中国智库的评价，发布的《中国智库综合评价AMI研究报告（2017）》荣获"中国社会科学院2017年度创新工程重大成果奖"，获得业界的高度关注。之后，我们进一步推出了《2018年中国智库成果与人才评价报告》，深入分析智库的咨政建言、学术成果、智库人才等方面，着力"以评促建、以评促改"，引领我国智库的建设方向。

2019年，《全球智库评价研究报告（2019）》较为全面地分析不同国别智库的建设与发展，分享各国智库建设的经验。

与此同时，中国社会科学评价研究院从 2014 年开始，每年召开一次全国人文社会科学评价高峰论坛，并且从 2018 年创办"中国智库建设与评价高峰论坛"，至今已连续召开四届。此外，中国社会科学评价研究院机构与智库评价研究室每年还适时召开多场专题研讨会，如中国智库的国际影响力、全球智库发展趋势与问题、中国特色新型智库建设与综合评价专题研讨、社会智库建设与评价以及中国社会科学院专业化智库建设发展状况、特色、问题和困难等。特别是，2020 年 9 月 26 日，在"第三届中国智库建设与评价高峰论坛"上与全国智库界专家学者形成"太原共识"，并确立每年九月的第四个周六为"智库评价日"。

近年来，中国社会科学评价研究院先后承接了多项智库方面的研究，如 2016 年承接国家社会科学基金特别委托项目"国家高端智库综合评价指标体系研究"；2018 年完成"国家高端智库综合评价指标体系"研创；2019 年受国家高端智库理事会委托，参与"国家高端智库试点单位三年综合评估"工作；2021 年承接国家高端智库重点研究课题。

智库评价团队坚持"脚底板出成果"，每年开展国内外智库实地走访调研，足迹遍布美国、德国、英国、法国、日本、新加坡、韩国、比利时、荷兰、挪威、俄罗斯、阿塞拜疆等国家和全国各省市及港澳台地区，平均每年访谈百余家智库，打造国内外智库机构网络和专家学者网络，更基于调研数据相继建设中国社会科学评价研究院独有的"4+1 数据库"，即中国智库基本信息库、智库专家信息库、"十三五"时期智库建设数据库、"十四五"时期智库建设数据库以及全球智库数据库。

2021 年 5 月 21 日，历时七年编制完成的国家标准《人文社会科学智库评价指标体系》（GB/T 40106—2021）和《人文社会科学期刊评价》（GB/T 40108—2021）正式获得国家市场监督总局和国家标准委员会的批准，并荣获中国社会科学院创新工程 2021 年度重大科研成果奖。

这次我们推出的《中国智库AMI综合评价研究报告（2021）》由我作主编，负责框架设计和最终修订，胡薇主任作副主编，负责统筹协调并且撰写完成基于AMI指标体系的中国智库"十三五"时期建设情况分析，刘晓玉撰写基于AMI指标体系的中国智库特色案例分析，王飞撰写"十四五"时期中国智库建设展望，王彦超撰写研究项目概述并负责特色案例汇编的对接联络和统稿工作，课题组全体成员汇智聚力共同完成了第五章对策建议以及附录部分，张蓉蓉和陆屹洲在全书编辑审校等方面承担了大量工作。

总之，中国社会科学评价研究院坚持"公平、公正、公开"原则，致力于构建"科学权威、公开透明"的国内外智库评价体系，助力中国特色新型智库的高质量发展。希望我们的研究成果得到各位的关注，欢迎联系我们。请关注"中国社会科学评价研究院"微信公众号，我们的联系电话是：010-85195174，电子邮箱：cechss-tt@cass.org.cn。

荆林波

2022年6月12日

摘要：本书是中国社会科学评价研究院立足实施"十四五"规划的关键之年，发挥学术引领作用，对中国智库发展进行系统评价和深入研究的最新成果。

基于自主研创的国家标准《人文社会科学智库评价指标体系》（GB/T 40106-2021）和"中国智库综合评价AMI指标体系（2021）"，本书以定性和定量分析相结合的方法，通过翔实的智库调查数据和特色案例研究，全面深入分析"十三五"时期中国智库在吸引力、管理力、影响力方面的建设现状和问题，客观呈现不同层次、不同类型、不同领域智库发展的共性和差异；剖析不同智库的优势与特色及其在咨政建言、理论创新、舆论引导、社会服务、公共外交功能发挥和内部治理创新方面的重要经验，关注普遍性问题和针对性方案；讨论与展望"十四五"时期中国智库研究的重点和发展规划。

本书最后针对中国智库面对新形势新要求新任务时存在的突出问题提出了对策建议，包括智库发展外部环境与智库自身能力建设、智库体系与配套制度保障、智库研究与智库评价等，旨在从多方位全过程引导中国特色新型智库高质量发展。

本书附录囊括中国智库特色案例评选结果及案例汇编、参与"中国智库综合评价研究项目（2021）"调研单位名录等一手资料，具有重要的信息参考价值。

关键词：智库评价；中国特色新型智库；高质量发展；AMI指标体系

Abstract: This book is the latest achievement of Chinese Academy of Social Science Evaluation Studies (CASSES) at the key year for the implementation of the 14th Five-Year Plan of the People's Republic of China. In this book, researchers from CASSES systematically evaluate and deeply study the development of Chinese think tanks, playing an academic leading role to foster the high-quality development of Chinese think tanks.

Based on the self-created national standard *Humanities and Social Science Evaluation Index System of Think Tanks* (GB/T 40106-2021), and "Comprehensive Evaluation AMI Index System on Chinese Think Tanks (2021)", with extensive survey data and case studies, this book gives a comprehensive and in-depth analysis on the current situation and problems of Chinese think tanks in terms of Attractive Power, Management Power, and Impact Power during the 13th Five-Year Plan period, depicting the similarities and differences of think tank development at different levels, types, and fields; analyzes the advantages and characteristics of different think tanks and their important experience in the functions of political advice, theoretical innovation, public opinion guidance, social services, public diplomacy and internal governance innovation, focusing on general issues and targeted solutions. Furthermore, the research priorities and development plans of Chinese think tanks during the 14th Five-Year Plan period are discussed and prospected.

The book finally puts forward countermeasures and suggestions for the urgent problems of Chinese think tanks facing the new situation, new requirements and new tasks, covering the development of external environment of think tanks, the construction of think tanks' own capabilities, think tank systems to supporting institutional arrangements, think tank research, and think tank evaluation, which aims to guide the high-quality development of new type of think tanks with Chinese characteristics from a multi-faceted and whole process.

The Appendix includes first-hand information such as the evaluating results, a compilation of distinctive cases of Chinese think tanks, and organizations participating in the "Comprehensive Evaluation and Research Project of Chinese Think Tanks (2021)", which is of significant reference value.

Key Words: Think Tank Evaluation, New Type of Think Tank with Chinese Characteristics, High-Quality Development, AMI Index System

目　　录

一　研究项目概述 ……………………………………………（1）
　（一）研究缘起 ………………………………………………（2）
　（二）前期积累 ………………………………………………（4）
　（三）研究目的与意义 ………………………………………（5）
　（四）研究方法与评价过程 …………………………………（6）
　（五）评价指标 ………………………………………………（10）
　（六）评价结果 ………………………………………………（14）

二　基于AMI指标体系的中国智库"十三五"时期
　　建设情况分析 …………………………………………（17）
　（一）智库发展概况 …………………………………………（17）
　（二）智库吸引力 ……………………………………………（22）
　（三）智库管理力 ……………………………………………（29）
　（四）智库影响力 ……………………………………………（35）

三　基于AMI指标体系的中国智库特色案例分析 ………（55）
　（一）特色案例征集及申报情况 ……………………………（56）
　（二）评选指标、方法与过程 ………………………………（58）
　（三）案例分析 ………………………………………………（60）
　（四）特色案例评选的实践价值 ……………………………（71）

四 "十四五"时期中国智库建设展望 ……………………（74）
（一）"十四五"时期中国智库研究取向 …………（74）
（二）"十四五"时期智库自身建设规划 …………（84）
（三）"十四五"时期智库建设展望 ………………（89）

五 对策建议 …………………………………………（93）

附录一 评选结果 ……………………………………（99）
（一）特色案例入选名单 ……………………………（99）
（二）参考案例入选名单 ……………………………（103）
（三）组织参与奖入选名单 …………………………（108）

附录二 参与"中国智库综合评价研究项目（2021）"调研机构名录 …………………………………（109）

附录三 中国智库特色案例汇编 ……………………（130）
（一）咨政建言 ………………………………………（130）
（二）理论创新 ………………………………………（151）
（三）舆论引导 ………………………………………（158）
（四）社会服务 ………………………………………（165）
（五）公共外交 ………………………………………（181）
（六）内部治理创新 …………………………………（192）

一　研究项目概述

中国社会科学评价研究院（以下简称"评价研究院"）是中国社会科学院的直属研究机构，于2017年7月21日经中央机构编制委员会办公室批准正式挂牌成立，其前身为2013年12月26日成立的中国社会科学院中国社会科学评价中心。在中国社会科学院党组的正确领导下，评价研究院积极参与构建中国哲学社会科学话语体系，不断完善哲学社会科学学术评价体系，探索创建评价标准，加强科研诚信管理，力争推动中国哲学社会科学健康发展，搭建国际化学术交流平台，参与全球学术评价标准的制定，掌握学术话语权。

本章主要介绍了课题组秉承"以评促建、以评促改"宗旨，自2015年起，经过约八年时间对全球智库和中国智库的深入研究，总结经验、不断探索，摸索出以数据和案例相结合的分析方法，坚持定性评价与定量评价相结合，以"十三五"时期我国智库建设发展情况为背景开展本项目研究，通过三轮调研采集智库数据，三步核查遴选样本智库，以国家标准《人文社会科学智库评价指标体系》（GB/T 40106—2021）和"中国智库综合评价AMI指标体系（2021）"为依据，指导中国特色新型智库在互学互鉴中高质量发展。

（一）研究缘起

2013年4月，习近平总书记"关于建设中国特色新型智库"的批示被视作新型智库建设的开端。2013年年底，党的十八届三中全会提出"建设中国特色新型智库，建立健全决策咨询制度"。它表明中国特色新型智库建设已成为推进国家治理体系和治理能力现代化的重要组成部分。[①] 作为引导智库发展的指挥棒，智库评价自2016年开始不断升温。"十三五"时期，在一系列智库建设相关文件的指导下，中国智库从"建设热"到"评价热"，再到智库建设和发展的提质增效，中国特色新型智库发展新格局稳步迈向全新阶段。

2013—2021年，中国特色新型智库建设在一系列政策文件的支撑引导下，从高速增长阶段迈入了高质量发展阶段。中国特色新型智库的时代内涵不断丰富，在推进国家治理体系和治理能力现代化进程中的作用不断提升。

党的十八大报告以"健全决策机制和程序，发挥思想库作用"明确了智库在国家治理现代化层面的地位和角色。2013年4月，中国特色新型智库建设开启后，从党的十八届三中全会到十九届六中全会，党中央立足时代坐标，基于"中国特色"和"新型"两大特征，从多个维度引导智库建设。特别是中共中央办公厅、国务院办公厅于2014年11月印发、2015年1月公开发布的《关于加强中国特色新型智库建设的意见》（以下简称"两办《意见》"），阐明了新型智库的时代意义和时代内涵，为构建中国特色新型智库指明了具体的方向。

[①]《习近平为何特别强调"新型智库建设"?》，2014年10月29日，中国共产党新闻网，http：//theory.people.com.cn/n/2014/1029/c148980-25928251.html? from = singlemessag。

两办《意见》提出了中国特色新型智库建设的总体目标以及中国特色新型智库应充分发挥的功能，高位引领，勾勒出智库建设的时代格局。随后，国家高端智库建设试点单位获批，开启智库建设的差序化格局；2017年《关于社会智库健康发展的若干意见》出台，首次针对特定类型智库给予明确界定，规范和引导社会智库健康发展；"加强中国特色新型智库建设"明确列入《中华人民共和国国民经济和社会发展第十四个五年规划和2035年远景目标纲要》，成为国家战略规划中的一部分。中国特色新型智库在短时间内迅速发展，掀起建设热潮，重点围绕国家重大战略需求开展前瞻性、针对性、储备性的政策研究，取得了一定成绩。

"加快构建中国特色哲学社会科学，加强中国特色新型智库建设"，党的十九大对新型智库建设的要求已经上升到文化自信、意识形态领导权和国家软实力的视角。正是在这样的背景下，"中国智库综合评价研究项目（2021）"（以下简称"2021年项目"）是评价研究院于2020年6月启动、历时一年半完成的第二轮中国智库综合评价研究项目。作为国内第一家同时开展全球智库评价和中国智库综合评价研究的机构，评价研究院充分结合中国智库的建设实践和发展需求，深入挖掘并总结全球智库评价研究和中国智库评价研究实施中的经验与问题，不断完善"智库综合评价AMI指标体系"，积极探索突破中国智库建设发展瓶颈的经验和方法，为引导中国特色新型智库建设发展积极贡献力量。

2022年4月，《国家"十四五"时期哲学社会科学发展规划》提出了中国特色新型智库建设的新要求，即"要着力打造一批具有重要决策影响力、社会影响力、国际影响力的新型智库，为推动科学民主依法决策、推进国家治理体系和治理能力现代化、推动经济社会高质量发展、提升国家软实力提供支撑"，并且全方位提出要进一步提升高端智库建设质量，推动各类新型智库建设，加强对智库建设的组织领导和统筹协调，为智库健康发展营造良好的环境。

通过对上述文件发布时间节点以及条文内容的梳理，可以发现，我国从将中国特色新型智库建设首次写入中共中央文件到明文鼓励引导智库健康发展，再到总结发展经验和问题，中国智库在守正创新中稳步前行，更将在"十四五"时期的新阶段迎接新发展要求。

（二）前期积累

课题组在国内外智库研究方面深耕细作，开展了战略性布局。2014年，评价研究院首次启动"全球智库评价"项目，课题组自主研创了"全球智库评价AMI指标体系（2015）"，并于2015年发布了由中国研究机构推出的首份全球智库评价报告，该报告及"全球智库评价AMI指标体系"荣获两项中国社会科学院2015年度创新工程智库研究重大成果奖。

评价研究院确立了以四年为周期，基于"智库综合评价AMI指标体系"，从全球智库评价到中国智库评价，从国家高端智库评价到分类智库评价，从智库综合评价到智库成果与人才分项评价的循环开展、互补完善的国内外智库评价研究体系。2017年，《中国智库综合评价AMI研究报告（2017）》荣获当年中国社会科学院创新工程重大成果奖。

截至2021年12月，评价研究院从中国智库和全球智库两端同时发力，交替进行，已顺利完成中国智库、全球智库各两轮评价研究项目，相继发布了《全球智库评价报告》2015年版和2019年版，《中国智库综合评价AMI研究报告》2017年版和2021年版。2018年，评价研究院还发布了《中国智库成果与人才评价研究报告》。

评价研究院于2016年承接了国家社会科学基金特别委托项

目"国家高端智库综合评价指标体系研究",研创了"国家高端智库综合评价指标体系",于2019年参与了"国家高端智库试点单位三年综合评估"工作。

评价研究院坚持每年开展国内外智库实地走访调研,足迹遍布全国几十个省市及港澳台地区,并前往十余个国家开展智库调研,基于多年来的调研数据建设了"4+1数据库",即中国智库基本信息库、"十三五"时期智库建设数据库、"十四五"时期智库建设数据库、智库专家信息库以及全球智库基本信息数据库。

上述成果的取得,为评价研究院深入探索中国特色新型智库发展路径,助力中国特色新型智库建设与发展的提质增效,积累了坚实的理论基础和实践经验。特别是2021年5月21日,国家标准《人文社会科学智库评价指标体系》(GB/T 40106—2021)获得通过,充分彰显了评价研究院在智库评价领域的领先地位。该标准也荣获当年中国社会科学院创新工程重大科研成果奖。

(三)研究目的与意义

截至2021年12月,评价研究院历经八年的探索与实践,与我国智库共同成长,在智库评价研究方面不断凝练经验、完善智库评价研究方式方法,发现智库建设中的难点与问题,摸索智库发展困境的破解之道。

"中国智库综合评价研究项目(2021)"作为第二轮中国智库综合评价研究项目,是对两轮全球智库评价研究项目、第一轮中国智库综合评价研究项目及多个智库建设相关研究项目的总结与深化。课题组从大量的实地调研和智库建设实践中检验"以评促建、以评促改"的可行性,总结智库评价工作切实为智库提供建设指导的实际意义与成效,以及一部分先行先试智库的代表性成果和建设经验为更多智库提供的借鉴与启示。课题组一如既往地在不断摸索中勇于创新，在以数据为依据的基础上，坚持理论联系实际、实践指导建设，在2021年项目中采用案例分析方法，旨在以"数据+案例""客观实践+主观分析"指导中国特色新型智库在互学互鉴中高质量健康发展。

（四）研究方法与评价过程

1. 研究方法

评价研究院坚持以"智库综合评价AMI指标体系"为基础，在项目开展之初，通过实地调研、座谈研讨会等方式和智库直接沟通，深入了解我国智库的实际建设情况、问题和发展需求，对指标设项进行调整和完善。课题组还邀请智库研究专家和智库评价专家对指标内容进行研讨，并根据专家意见再次进行优化，使指标更利于引导智库解决实际问题，促进智库高质量建设和发展。

评价研究院坚持定性评价与定量评价相结合的研究分析方法。在定量评价方面，课题组通过调查问卷采集大量一手数据。《2021年中国智库综合评价调查问卷》（以下简称"2021年问卷"）依据"中国智库综合评价AMI指标体系（2021）"设计，并充分考虑到问卷设项所采集数据的可获取性和数据分析的便易性。在定性评价方面，课题组开展了对多省市智库的实地走访，收集中国智库实践案例，并邀请相关智库专家从多角度开展多轮评审工作，结合专家自身在智库研究和智库评价工作中的丰富经验与深厚积累，对智库"十三五"时期的特色成果和建设经验进行评审。课题组也通过特色案例的收集进一步掌握了智库在功能发挥和内部治理创新方面的优势与特色。

2. 评价过程

(1) 完善"中国智库综合评价AMI指标体系（2021）"

课题组在系统梳理2017—2021年中国智库发展概况的基础上，深度挖掘发展规律与趋势特点，客观剖析问题成因与解决方案，结合中国智库现实情况，进一步修订了"中国智库综合评价AMI指标体系（2021）"。

"中国智库综合评价AMI指标体系（2021）"基于国家标准《人文社会科学智库评价指标体系》（GB/T 40106—2021），并对标"国家高端智库综合评价指标体系"进行更新完善，以期能更切实地指导中国特色新型智库的建设与发展。

(2) 数据采集

2021年项目的评价研究过程力争细致严谨、环环相扣，从基础数据的全面更新到专家评审，坚持定性评价与定量评价相结合，开展了三轮逐层深入的智库调研。课题组历时一年多，从2020年6月项目启动随即开始实施全国智库基础数据普查，7月开展问卷调查，收集智库"十三五"时期建设数据，实施了贯穿2020—2021年的实地调研走访，获得了大量一手数据和调研资料，并对智库实际发展情况和建设需求有了深入、确切的了解。

在第一轮调研中，课题组首先通过发放《智库联系信息采集表》全面更新了中国智库数据库。高校智库在我国智库体系中的绝对数量最多且占有重要地位。为此，课题组定向发放了《高校校属智库信息汇总表》，以高校智库主管单位提供的数据为依据复核高校智库申报材料，力争掌握更权威、更精确的高校智库建设实况，为进一步开展智库数据分析奠定了基础。在第二轮调研中，课题组发放了2021年问卷。2021年问卷基于"中国智库综合评价AMI指标体系（2021）"进行设计，旨在系统地采集我国智库在吸引力、管理力和影响力三个方面的具体数据以及"十三五"时期的建设成就和"十四五"时期的发展规划。课题组将回收的2021年问卷及所有数据和材料逐一确认、审核、分类、建档。在第三轮调研中，课题组先后实地调研全国12个省市约220家智库，通过面对面访谈深入了解智库的实际建设情况、特色优势和发展瓶颈。

（3）样本智库遴选

在样本智库的遴选方面，课题组采取了三步走的方法，通过层层筛选，最终确定2021年项目的样本智库数量，参见图1-1。

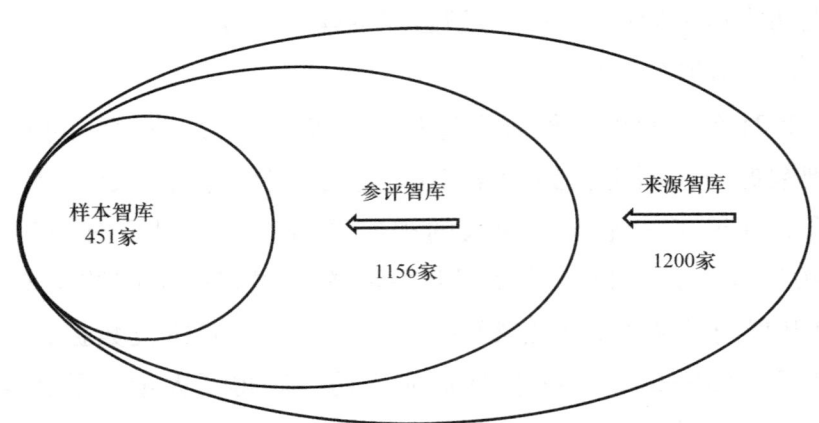

图1-1 2021年中国智库综合评价研究项目样本智库遴选

资料来源：课题组制作。

第一步，课题组对《智库联系信息采集表》《高校校属智库信息汇总表》《2021年中国智库综合评价调查问卷》采集的数据和实地调研获得的资料进行了整合、比对、核查，初步选定1200家智库形成了2021年项目的来源智库数据。

第二步，课题组以来源智库数据为基础进行数据核验和智库遴选。对于来源智库数据池中由主管部门提供机构名称等相关信息，而课题组尚未与之建立直接联系或无法获取详细、准确、全面的一手数据进行充分核验的机构，课题组进行了搁置处理、未纳入2021年项目评价对象。因此，课题组最终汇总反馈了《智库联系信息采集表》《高校校属智库信息汇总表》《2021年中国智库综合评价调查问卷》的机构共计1156家作为本次项目的参评智库。

课题组遵循以下三项原则对454家反馈了2021年问卷的机构及用于分析的样本智库进行严格审核。

原则一，经课题组对机构属性和机构反馈的调查问卷进行研判，机构属性不符合智库界定的机构，不列为2021年项目分析数据，同时不列入"中国智库基本信息库"。

原则二，对于在课题组调研走访或电话、邮件沟通中明确表示不参与2021年项目的智库，暂不列为2021年项目的样本智库。

原则三，课题组在2021年项目中对中国特色新型智库在"十三五"时期的建设发展数据及相关资料进行采集，因此晚于2020年12月31日成立的智库，暂不用于2021年项目的数据分析。

第三步，为更准确深入地分析智库"十三五"时期的建设情况以及"十四五"时期的发展规划，更全面客观地剖析中国智库建设中存在的问题及其成因，深化对中国智库全面客观的综合评价，课题组最终筛选出451家智库作为2021年项目的样本智库。

为促进智库间的互学互鉴，课题组在2021年问卷中配套发放了《中国智库综合评价研究项目2021年智库特色指标申报书》（以下简称《申报书》，每个智库最多提交三份），回收了智库反馈的《申报书》共计621份。

在《申报书》的评选环节，课题组首先从增选后涵盖智库从业者、从事智库评价或智库研究的相关人员、智库的上级管理方、智库的用户方或委托方、媒体从业者、出版机构工作人员等多层次、多领域、多学科、多行业专家的智库评价专家库中遴选与《申报书》涉及的专业领域相匹配的评审专家。随后课题组组织召开书面评审、课题组初审、专家评审、会审等多场评审会，以专家委员的多元评价为参考，对 621 份《申报书》进行综合评价和特色案例评选。基于"中国智库综合评价 AMI 指标体系（2021）"，共评选出特色案例 56 份、参考案例 63 份。

（五）评价指标

评价研究院自 2015 年自主研创了"全球智库综合评价 AMI 指标体系"后，结合全球智库和中国智库不同的建设环境和发展状况，对指标体系不断进行更新完善，并应用于全球智库评价、中国智库评价、国家高端智库评价等不同智库评价项目。

2021 年 5 月 21 日，国家标准化管理委员会正式发布《人文社会科学智库评价指标体系》（GB/T 40106—2021），该项标准由评价研究院历时七年通过预研、立项、起草、专家研讨、征求意见、技术审查、报批等阶段，已于 2021 年 12 月正式实施。

课题组基于国家标准《人文社会科学智库评价指标体系》（GB/T 40106—2021），对"中国智库综合评价 AMI 指标体系"再次进行了修订完善，并应用于 2021 年项目的问卷设计、特色案例评审指标设计、数据分析依据等。

表 1-1　　　　国家标准《人文社会科学智库评价
指标体系》（GB/T 40106—2021）（简明版）

一级指标 （3个）	二级指标 （15个）	三级指标 （45个）	四级指标 （96个）
吸引力	声誉吸引力	同行评议	决策声誉
			学术声誉
		用户吸引力	决策声誉
			学术声誉
		历史美誉	成立时间
	人才吸引力	人员规模	专职管理人员
			专职专业技术人员（含博士后研究人员）
			兼职专业技术人员
		领军人物	
		人才培养	
		待遇	专业技术人员待遇
			管理人员待遇
	资金吸引力	资金来源	多元化
		资金值	充裕度
	环境吸引力	数据库	自建数据库
			外购数据库
		馆藏文献	丰富度和积累程度
		办公条件	独立办公场所
		人员支撑	科研辅助人员的岗位职责和配比
管理力	战略	发展规划	长、中、短期的发展规划
	组织架构	规章制度	规章制度的规范性、科学性、系统性、严密性和执行的实效性
		组织规范	机构独立性
			部门完整性
	管理系统	规范化管理	保密管理
			流程管理
			客户关系管理

续表

一级指标 (3个)	二级指标 (15个)	三级指标 (45个)	四级指标 (96个)
管理力	管理系统	信息化管理	电子化办公系统和信息采集分析系统
管理力	人员	人员素质	专业技术人员素质
管理力	人员	人员素质	管理人员素质
管理力	人员	人员结构	梯队化
管理力	人员	人员结构	多元化
管理力	人员	人员结构	国际化
管理力	人员	产出能力	学术产出
管理力	人员	产出能力	政策产出
管理力	组织文化	文化理念	
管理力	价值观	导向管理能力	清晰度和内部人员认可度
管理力	研究能力	研究方法	专业性
管理力	研究能力	研究方法	科学性
管理力	研究能力	研究方法	前沿性
管理力	研究能力	创新能力	理论创新能力
管理力	研究能力	创新能力	实践创新能力
管理力	研究能力	基础研究能力	长期投入
管理力	研究能力	基础研究能力	前瞻性
影响力	政策影响力	咨政方式	委托研究
影响力	政策影响力	咨政方式	咨政报告
影响力	政策影响力	咨政方式	政策咨询
影响力	政策影响力	咨政方式	政策制定
影响力	政策影响力	咨政方式	咨政类定期出版物
影响力	政策影响力	咨政方式	批示
影响力	政策影响力	成果转化	实际采纳和应用
影响力	政策影响力	成果转化	成果对产业的贡献
影响力	政策影响力	咨政渠道	国家级渠道
影响力	政策影响力	咨政渠道	省部级渠道
影响力	政策影响力	咨政渠道	其他渠道

续表

一级指标 （3个）	二级指标 （15个）	三级指标 （45个）	四级指标 （96个）
影响力	政策影响力	与决策部门的关系	曾在党政部门任职的工作人员
			离开智库到党政机关任职的工作人员
			对外提供干部培训
	学术影响力	学术成果	论文
			专著
			课题
			研究报告
			学术期刊
			教材
			知识产权类成果
		学术活动	单独或联合举办的国内学术会议
			在省部级及以上级别的学术会议上发表演讲
	社会影响力	传统媒体	发表政策性观点
			获得报道
		新媒体	发表政策性观点
			获得报道
		社会责任	社会公益项目
			政策宣讲活动
			社会宣讲或培训
		国内网络	国内分支机构
			与国内其他机构合建研究机构
		官方网站	内容
			更新频率
			年点击量
		信息公开	开放获取
			信息推送服务

续表

一级指标 (3个)	二级指标 (15个)	三级指标 (45个)	四级指标 (96个)
影响力	国际影响力	支持外交工作	服务国家重大外事活动
		国际会议	独立举办国际会议
			与国外机构/国际机构联合举办国际会议
			国际会议发表演讲
			受邀出席国际会议
		国际合作	国际合作成果
			国际合作项目
			国际合作机构
		国际人才流动	国际/地区组织或国外研究机构任职
			外籍人员到评价客体任职
			人员交流
		国外媒体	发表政策性观点
			获得报道
		国际网络	国外分支机构
			外籍专业技术人员
		外语应用	研究报告、学术论文
			出版外文期刊
			外文专题报告
			外语网站

资料来源：课题组根据国家标准《人文社会科学智库评价体系》（GB/T 40101—2021）整理编制。

（六）评价结果

《中国智库 AMI 综合评价研究报告（2021）》包括主报告和中国智库特色案例汇编两部分。主报告充分运用项目四个数据库，基于大量客观数据，深入分析特色案例文本，再融合专家研讨意见撰写完成。中国智库特色案例汇编集合了49家智库的56份智库建设发展案例，为中国特色新型智库建设提供参考与借鉴。

在2021年项目开展的过程中，课题组坚持创新，在以下六个方面不断探索前行。

创新点一，2021年项目在四年周期的基础上，结合项目实施的现实需要和研究目的，将考察时段扩展至5年（2016—2020年），以保证采集与"十三五"时期范围相吻合的智库发展数据，更新增针对智库"十四五"时期发展建设规划及研究方向的设问，进而形成在同一调查问卷中，比照智库自身"十三五"时期建设问题，观察智库对既有问题的探索与改善方向的可能性。

创新点二，不断充实智库建设数据库。课题组首先在原有智库数据库的基础上，通过2021年项目的智库普查和逐一审核，扩充、更新中国智库基本信息库。其次，评价研究院在深入了解并总结了"十三五"时期中国特色新型智库的发展现状和问题后，根据智库发展需求，遴选智库专家，扩充完善智库专家信息库，涵盖了智库从业者、从事智库评价或智库研究的相关人员、智库的上级管理方、智库的用户方或委托方、媒体从业者、出版机构工作人员等多层次、多领域、多学科、多行业的专家。最后，课题组根据2021年问卷中采集的数据，以及2021年项目期间通过实地调研收集的资料，建立了"十三五"时期智库建设数据库和"十四五"时期智库建设数据库。

创新点三，以智库自主申报数据为基石，以智库特色案例分析及智库实地调研的资料为补充，相辅相成。

创新点四，在2021年问卷设计方面，课题组总结了往年采集一手数据过程中存在的不愿披露数据、难以统计数据、模糊填报数据等现实问题和困难。基于此，课题组从智库角度出发设计具有针对性的问题，采用易于理解的文字表述及体现差异性的选项，尽可能让各类智库都可以正确理解并参与。如为打消智库对具体数据外泄的顾虑，课题组多采用百分比式选项，侧重设计选择题，数据绝对值与多项关联并用等。

创新点五，完善预填报阶段的内测机制，选取不同类型、处于不同发展阶段的六家智库，在正式发放问卷前进行测试填报，根据内测结果，结合试填智库反馈的意见与建议，对2021年问卷和《申报书》模板进行反复完善后正式公开发布。

创新点六，评价研究院坚持"以评促建、以评促改"，发挥智库评价的指挥棒作用。课题组在2021年项目中首次开展中国智库特色案例的收集、评选工作。一方面，课题组通过各类智库报送的特色案例深入了解智库在体制机制改革和智库功能发挥方面的优势与特色；另一方面，课题组通过在《中国智库AMI综合评价研究报告（2021）》中登载56份中国智库特色案例，为我国处于不同发展阶段的各类型智库提供互学互鉴的平台。

二 基于AMI指标体系的中国智库"十三五"时期建设情况分析

本章以2021年问卷回收数据为依据，基于AMI指标体系对智库自主填报数据进行汇总、统计、分析，力争从一个侧面反映中国智库在"十三五"时期的建设发展情况。下文将参与2021年智库调查并反馈问卷的智库称为"全口径样本智库"，样本总量为454家。课题组针对2021年问卷中存在的填写不规范、数据不完整等情况，在进行分项指标数据分析时，相应剔除了不符合该项指标要求或填报数据存疑的样本，样本总数为451家，下文统称"样本智库"。需要说明的是，课题组在数据分析时，为了匹配"十三五"规划的起止时间，所有针对"十三五"时期的问题分析剔除了样本智库中成立于2021年的2家智库，样本数变为449家，下文统称"'十三五'时期样本智库"。

（一）智库发展概况

1. 智库数量明显攀升

2013年4月，习近平总书记关于建设中国特色新型智库的批示被视为新型智库建设的顶层设计开端。两办《意见》明确了加强中国特色新型智库建设的指导思想、基本原则和总体目标。在自上而下的政策引领和自下而上的社会需求双向推动之下，中国智库呈现出起步晚、增速快的发展趋势。从2021年问卷反馈数据来看（见图2-1），449家智库中，"十三五"时期新成立的智库占比最大（35%），2013年开始每年新成立的样本智库数量整体呈上升趋势，"十三五"时期以2017年新成立的样本智库数量最多。由于政策周期及新冠肺炎疫情等内外部环境的影响，2020年新增样本智库数量明显缩减。

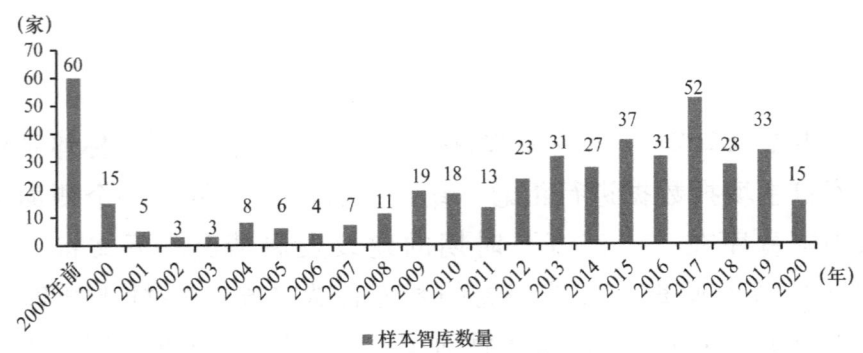

图2-1 "十三五"时期样本智库成立时间分布

资料来源：课题组制作。

2. 智库类型发展尚不均衡

智库类型方面（见图2-2），"十三五"时期，除国家高端智库建设试点单位和国家高端智库建设培育单位（以下合并简称"国家高端智库"，占比4%）外，非国家高端智库中，四类智库占比从大到小依次为专业性智库、企业智库、社会智库和综合性智库。结合实地调研情况来看，在非国家高端智库中，以党校、社会科学院、地方政府发展研究中心为主体的综合性智库数量远远多于反馈问卷的样本数；社会智库和企业智库占比相当，在我国智库总量里的数量规模较小；专业性智库由部委所属专业性智库和高校智库构成，整体占比最大（84%），但从内部构成来看，部委所属专业性智库仅占4.2%，其余95.8%均为高校智库。

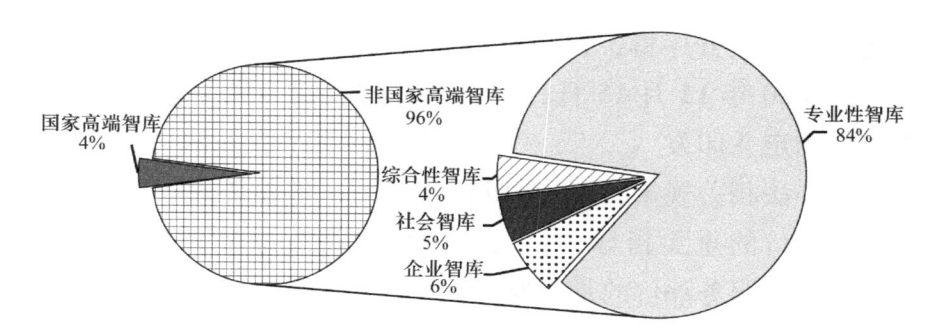

图 2-2 "十三五"时期样本智库分类占比

资料来源：课题组制作。

如图 2-3 所示，汇总智库成立时间可以发现，449 家智库中 2013 年至 2020 年年末成立的智库总数明显多于 2012 年年末之前成立的智库总数，其中高校智库占据绝大多数，且增量更为显著。

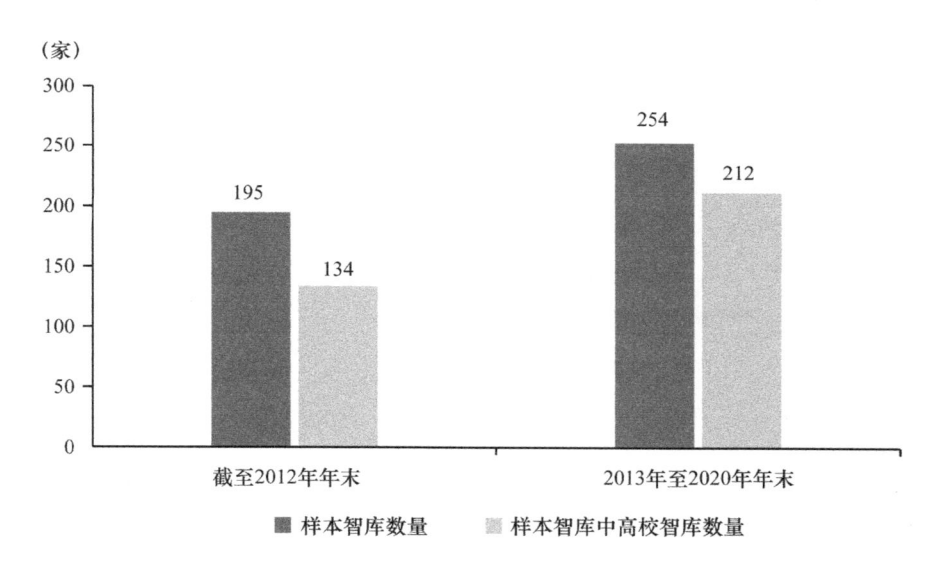

图 2-3 "十三五"时期样本智库 2013 年前后成立数量对比

资料来源：课题组制作。

"十三五"时期，高校智库数量增速最快，在全国智库总量中占据绝对多数。高校智库体量迅速扩张的背后存在内在发展动力、外在竞争压力等多种要因的影响。如 2017 年，高校"双一流"建设拉开序幕，智库成为高校"双一流"建设评审指标之一。2020年12月15日，教育部、财政部、国家发展和改革委员会制定并印发《"双一流"建设成效评价办法（试行）》，依据该办法相关规定，"社会服务"是对大学整体建设评价和学科建设评价的重要指标项，而"特色高端智库体系建设情况"被列入社会服务评价的具体要求之中，自上而下有力提升了高校对智库建设的重视程度，助推高校智库建设再掀热潮。如图2-4所示，从样本反馈的情况来看，高校智库最早成立于1961年，

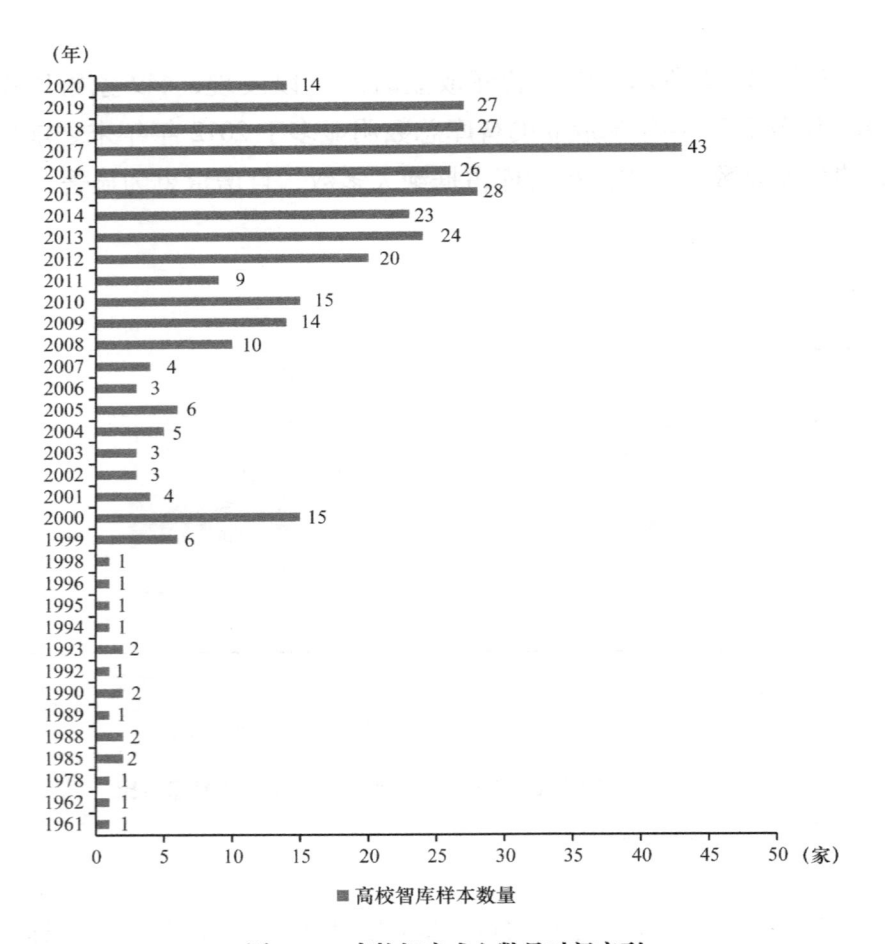

年份	高校智库样本数量
2020	14
2019	27
2018	27
2017	43
2016	26
2015	28
2014	23
2013	24
2012	20
2011	9
2010	15
2009	14
2008	10
2007	4
2006	3
2005	6
2004	5
2003	3
2002	3
2001	4
2000	15
1999	6
1998	1
1996	1
1995	1
1994	1
1993	2
1992	1
1990	2
1989	1
1988	2
1985	2
1978	1
1962	1
1961	1

图2-4　高校智库成立数量时间序列

资料来源：课题组制作。

截至2020年，其间高校智库成立数量自2012年（成立20家）开始明显上升，2017年达到峰值（成立43家），其后开始回落。目前，关于我国高校智库的真实数量和实际质量等整体建设情况还没有官方的权威统计数据。

3. 智库分布存在地区差异

从事政策咨询业务的智库在地理分布上存在向政治中心、经济中心、文化中心聚拢的客观属性，亦受到地方智库建设主观意愿与智库产品需求的影响。如图2-5所示，全口径样本智库在地区分布上呈现出明显不均。其中，无论是智库地区分布覆盖面还是地方智库数量，北京市、上海市和湖北省是填报2021年问卷样本智库数量最多的三个地区。事实上，中国的智库数量远超于此次反馈问卷的样本智库数，如江苏省、湖南省、贵州省等多地的样本智库数量明显少于课题组实地调研访谈智库数量。智库反馈问卷的结果与课题组的走访调研存在一定的

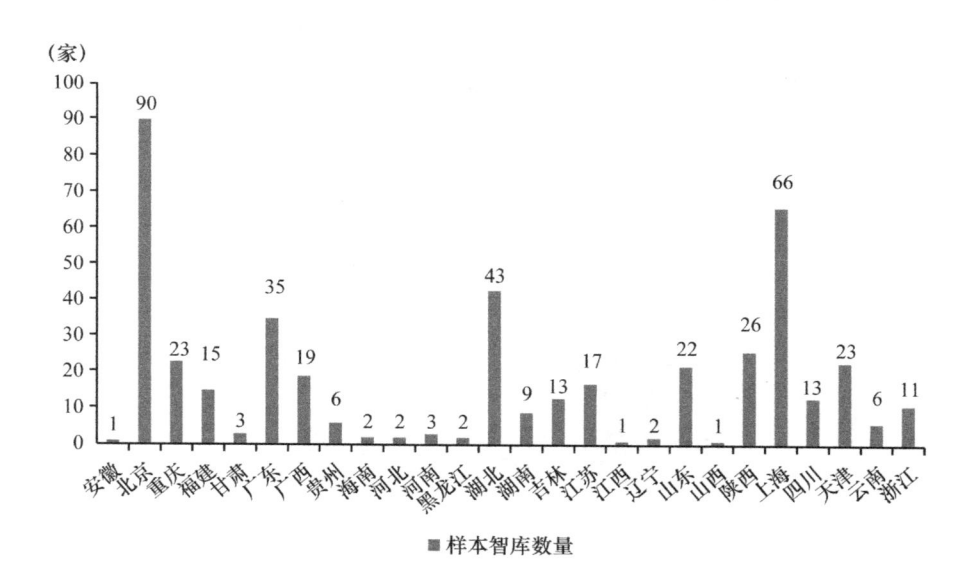

图2-5 全口径样本智库地区分布

资料来源：课题组制作。

正相关，因调查问卷是由智库自主填报，所以并不能准确全面地反映全国智库的地区分布及数量规模，但也从一个侧面体现了地方智库主管部门的政策力度、智库在参与评价方面的积极性以及对"以评促建、以评促改"宗旨的综合性认知。此外，鉴于高校智库在我国智库体系中的数量优势，因而在分析智库地理分布特性时，还需要考虑地区高校数量这一因素的影响。

（二）智库吸引力

1. 声誉吸引力：老牌智库引领下的成长型智库群

以成立时间作为量化指标，以智库存续时长进行评价分析可知（见图2-6），"十三五"时期新成立的样本智库占比最大（35%），成立6—20年的样本智库占比近一半，存续时长在31年及以上的老牌智库占比为9%。"十三五"时期，从"智库建设热"到"智库评价热"再到智库提质增效和稳步发展，老牌智库头雁效应凸显，智库类型不断丰富，数量迅速增加，影响力日益加强，中国特色新型智库体系已粗具规模并形成梯队层次。

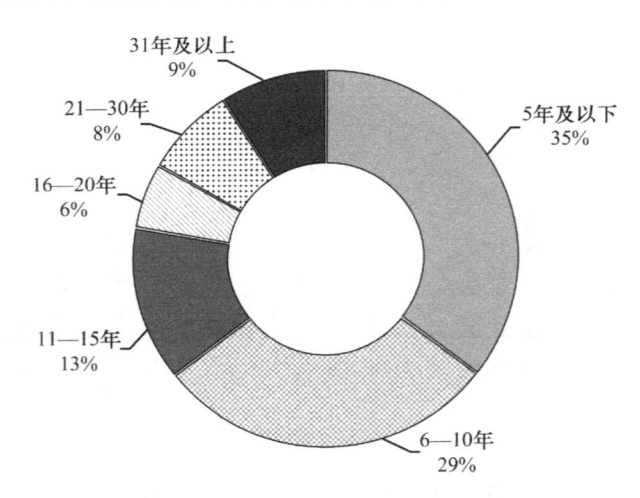

图2-6 "十三五"时期样本智库存续时长

资料来源：课题组制作。

2. 人才吸引力：人才引进待遇提升，培养方式多样化，具备专职研究团队和领军人物的智库日益增加

为广泛吸引高水平人才，各智库结合自身优势，提升薪酬待遇、增加晋升机会、提供培训资源，多措并举，努力增强智库的人才吸引力。如图2-7所示，超过1/3的样本智库认为现有待遇标准能够吸引符合智库需求的人才，有20%以上的样本智库表示能够吸引到优质人才或能够为优质人才提供优渥待遇。

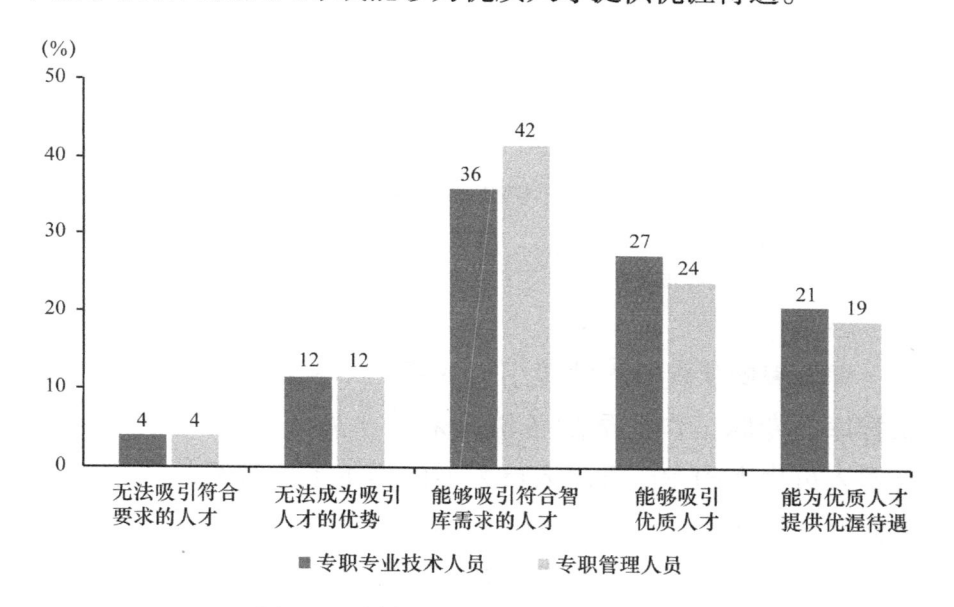

待遇水平	专职专业技术人员	专职管理人员
无法吸引符合要求的人才	4	4
无法成为吸引人才的优势	12	12
能够吸引符合智库需求的人才	36	42
能够吸引优质人才	27	24
能为优质人才提供优渥待遇	21	19

图2-7 样本智库人才引进的待遇水平

资料来源：课题组制作。

在人才培养方面，智库不断增设多样化的人才培养项目。如图2-8所示，一半以上的样本智库都会为工作人员提供国内进修机会。与此同时，国内挂职锻炼和国际进修也是很多智库加强智库人员与国内外关联机构相互交流、提高智库人员实践能力、拓展国际视野的主要方式。此外，越来越多的智库开始增设博士后工作站或博士后流动站，申报并获得硕士、博士学位授予资格，给予青年人才提早接触智库工作和获得系统培养的机会。

24 国家智库报告

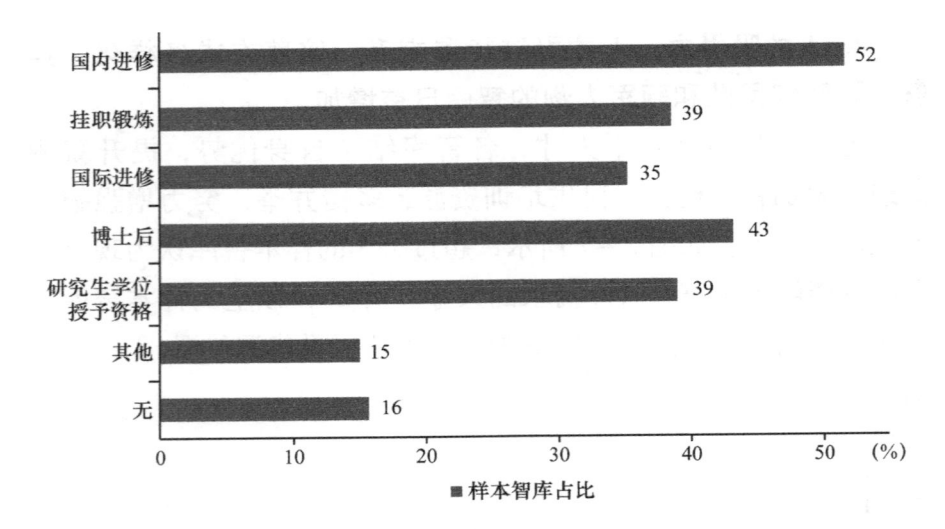

类别	样本智库占比(%)
国内进修	52
挂职锻炼	39
国际进修	35
博士后	43
研究生学位授予资格	39
其他	15
无	16

图 2-8 样本智库人才培养项目情况

注：多选题。

资料来源：课题组制作。

样本智库从提升人才吸引力入手，不断推进人才队伍建设，从智库的专职工作人员配备情况来看（见图 2-9），专职专业技术人员为零和专职管理人员为零的样本智库数量均逐年减少，但无专职工作人员（含专职专业技术人员和专职管理人员）的样本智库以高校智库为主的客观情况并没有改变。

智库不仅需要打造强有力的专职研究团队，同时更需要具有一定影响力的代表性人物引领发展。如图 2-10 所示，国家高端智库已全部具备领军人物[①]，相比之下，社会智库和企业智库仍急缺领军人物掌舵引航。

---

① 项目问卷中的"领军人物"是指在特定领域具有较大决策影响力和社会知名度的专职和兼职研究人员，如国务院政府特殊津贴获得者、国家"有突出贡献的中青年专家"荣誉称号获得者、国家百千万人才工程人选、"万人计划"哲学社会科学领军人才、文化名家暨"四个一批"人才工程人选、"长江学者"特聘教授以及中央直接掌握联系的高级专家等。

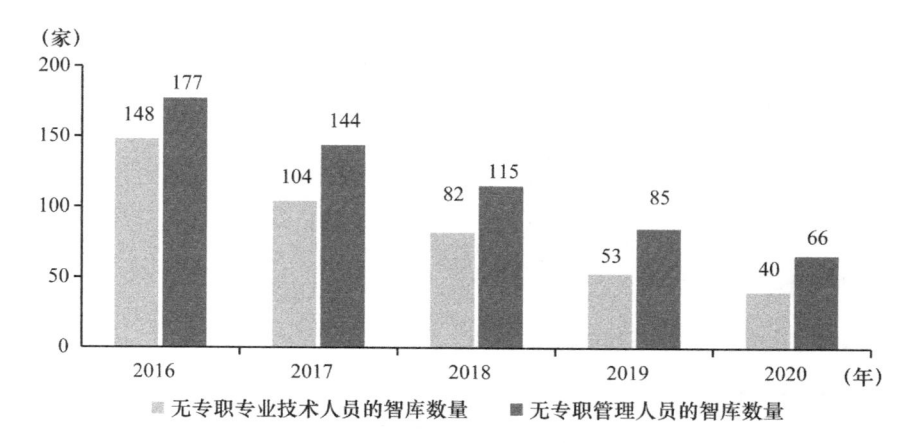

图 2-9　无专职专业技术人员和专职管理人员的智库数量分布
资料来源：课题组制作。

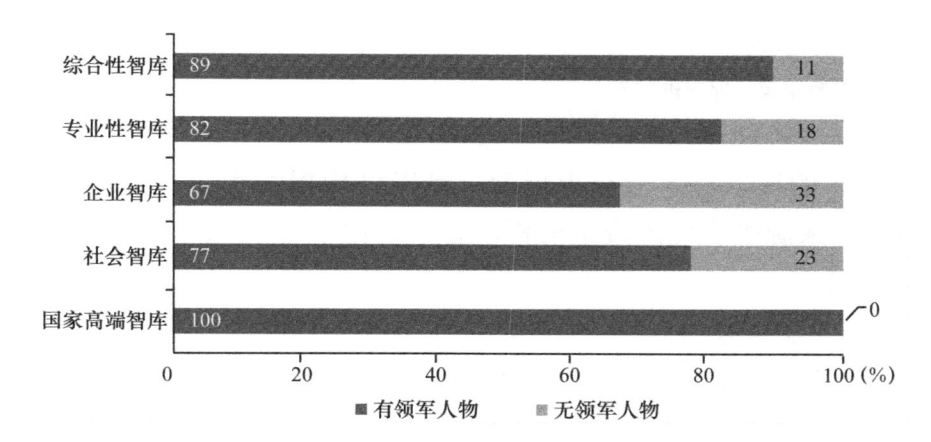

图 2-10　样本智库领军人物配备情况
资料来源：课题组制作。

3. 资金吸引力：资金来源日益多样化，资金充裕度有待提升

智库资金来源渠道日益多样化。在非竞争性经费来源中（见图 2-11），财政资金仍然是智库最为稳定的资金保障。

在竞争性经费来源中（见图 2-12），各项资金来源较为均衡，其中拥有国家社会科学基金的智库占比最大，委托研究方面，市级委托课题和企业委托课题的占比都大于省部级委托课题。此外，调查发现，捐款尚未成为我国智库的可靠财源，仅

26　国家智库报告

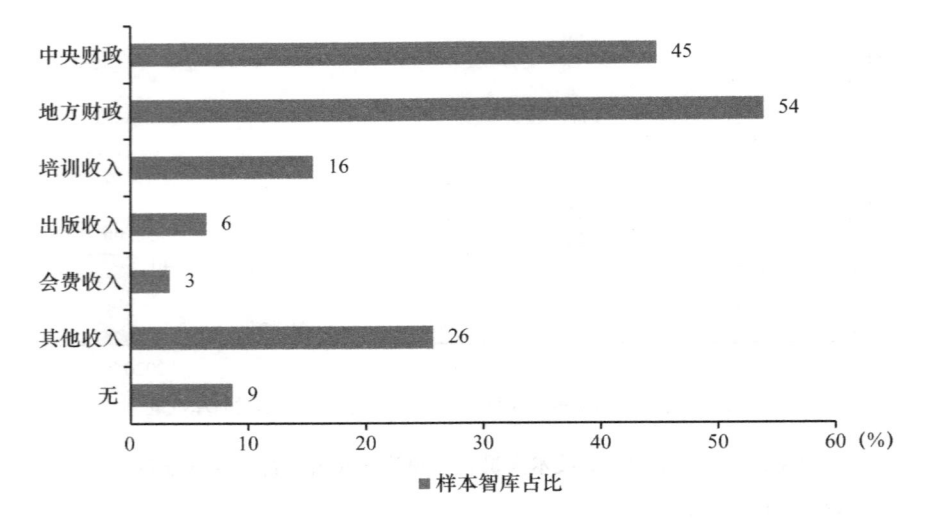

图 2-11　样本智库非竞争性经费来源

- 中央财政　45
- 地方财政　54
- 培训收入　16
- 出版收入　6
- 会费收入　3
- 其他收入　26
- 无　9

（样本智库占比，%）

注：多选题。

资料来源：课题组制作。

有30%的样本智库能获得捐款，且以机构捐款为主。另外，智库资金来源中有境外资金的样本智库占比不足7%，以专业性智库为主。

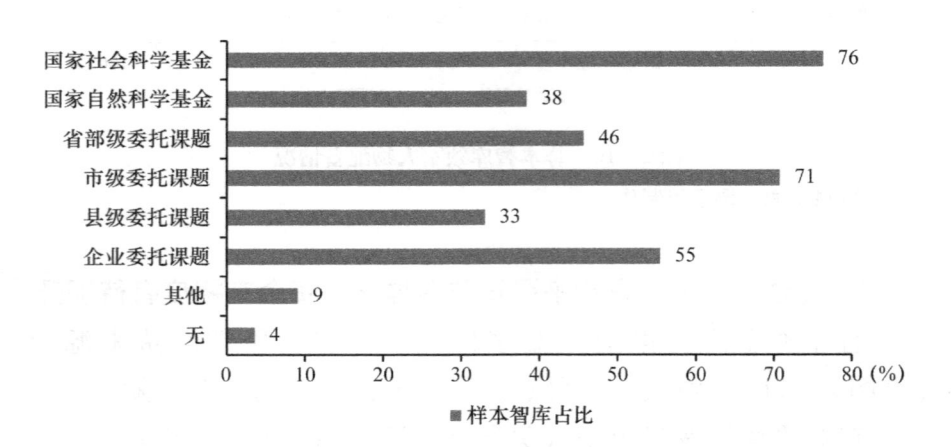

图 2-12　样本智库竞争性经费来源

- 国家社会科学基金　76
- 国家自然科学基金　38
- 省部级委托课题　46
- 市级委托课题　71
- 县级委托课题　33
- 企业委托课题　55
- 其他　9
- 无　4

（样本智库占比，%）

注：多选题。

资料来源：课题组制作。

智库的长远发展需要有保障、可持续的资金来源。仅就样本智库针对"资金充裕度"的作答结果而言（见图2-13），一半以上样本智库的资金能够保障日常运行，但资金充裕能够支撑长远发展的智库占比仅为1/3。另有5%的样本智库反映机构资金难以维持智库运行，且几乎都是高校智库。

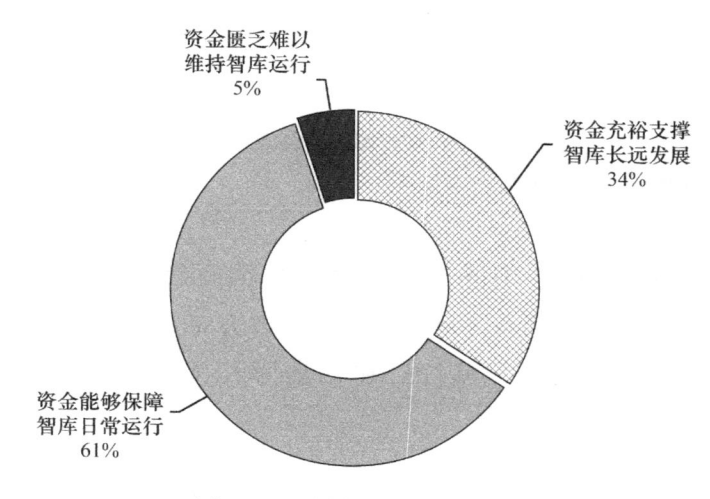

图2-13 样本智库资金充裕度

资料来源：课题组制作。

4. 环境吸引力：强化基础设施建设，提升支撑保障水平

随着智库基础设施建设的不断完善，绝大部分样本智库已具备独立的办公场所，且可满足办公需求（见图2-14）。在有独立办公场所但无法满足办公需求以及尚不具备独立办公场所的样本智库中，只有极个别智库是集团所属企业智库或部委所属专业性智库，其余均为高校智库。具体而言，有独立办公场所但无法满足办公需求的样本智库中有94%是高校智库，没有独立办公场所的样本智库中有88%是高校智库。

高质量的智库研究越来越重视数据的采集与运用。在"研究支撑"方面，需要具备功能完备的信息采集分析系统。如图2-15所示，样本智库中，约64%的智库有自建数据库，53%的

28 国家智库报告

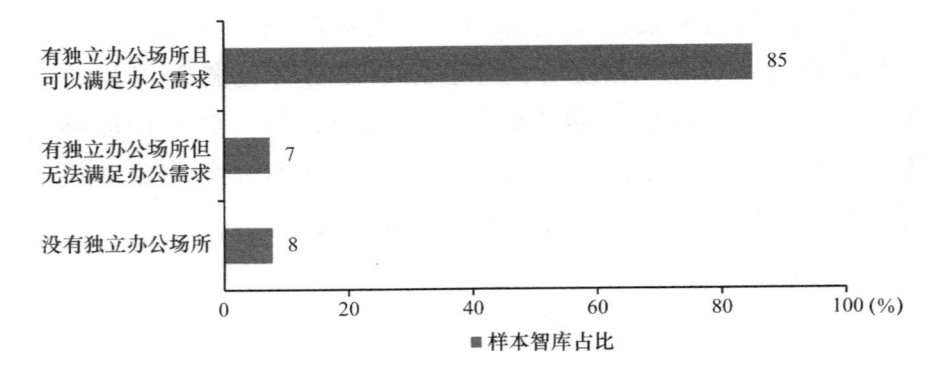

图 2-14 样本智库基础设施建设情况

资料来源：课题组制作。

智库有外购数据库。不同类型智库在数据库建设方面存在差异，企业智库在自建数据库和外购数据库两方面都更为积极；相较于其他类型智库而言，具备自建数据库和外购数据库的社会智库占比最小。

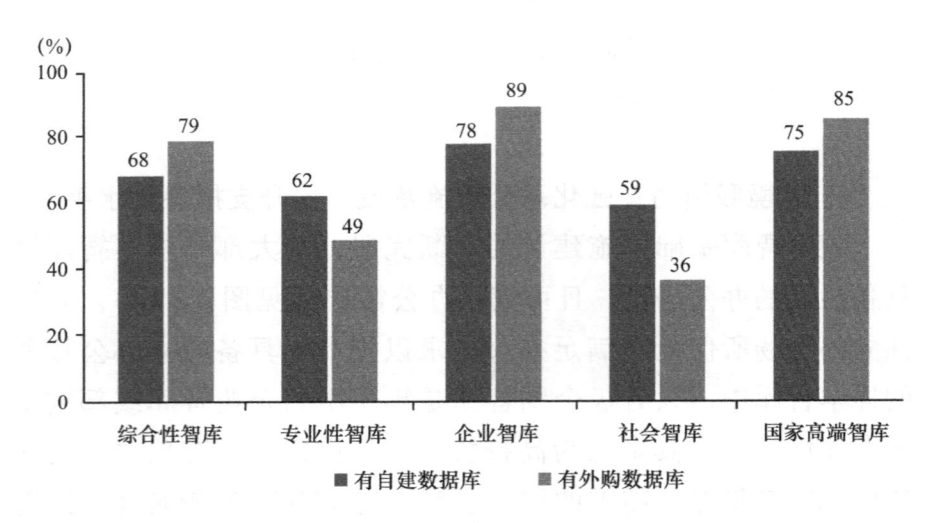

图 2-15 样本智库自建数据库和外购数据库情况

资料来源：课题组制作。

（三）智库管理力

1. 战略：聚焦中短期规划，缺乏长远战略布局

智库建设需要具备特色鲜明、长期关注的决策咨询研究领域和相关研究成果。调研数据表明，在发展规划制定方面，智库对自身发展规划多着眼于中短期，缺乏长期战略布署。如图2-16所示，样本智库以制定3—5年的中期规划为主，其次是1—2年的短期规划。对于综合性智库而言，虽然所有参与反馈调研问卷的单位都制定了规划，但并没有同时兼具长中短期规划的智库。

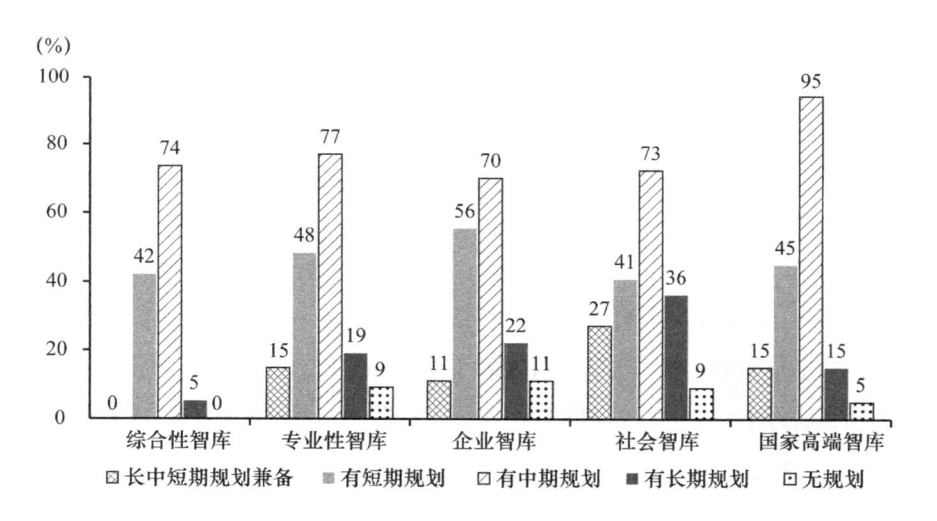

图 2-16　样本智库战略发展规划制定情况

注：多选题。

资料来源：课题组制作。

2. 组织架构：部门完整性日益提升，实体化建设成效有限

智库建设应以遵守国家法律法规、相对稳定、运作规范的实体性研究机构为方向。如图2-17所示，在样本智库中，非实体法人智库占比为75.17%，数量明显多于实体法人智库数量，社会智库均为实体法人，此外88%的专业性智库和33%的企业智库为非实体法人，专业性智库中又以高校智库的实体法人化水平最低。

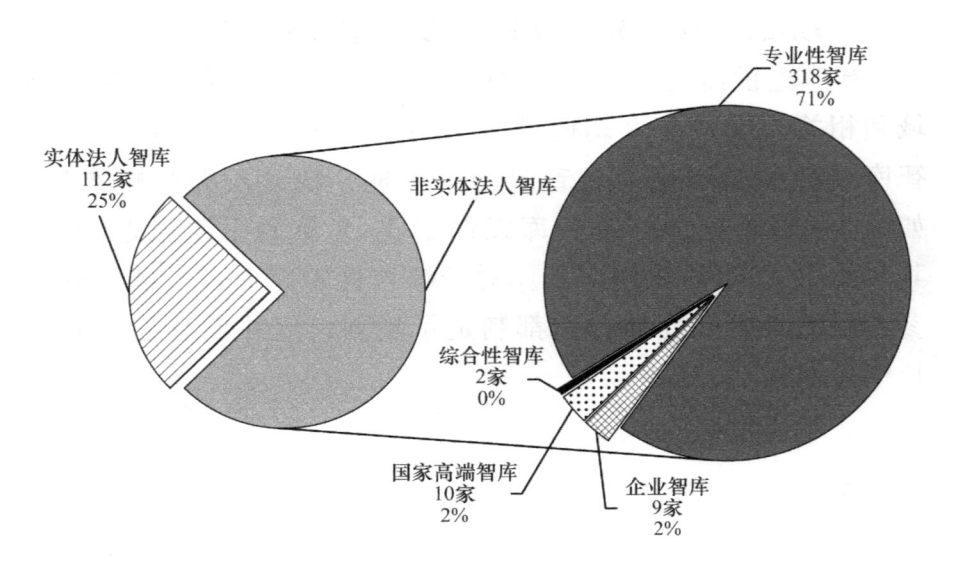

图 2-17 样本智库实体化建设情况

资料来源：课题组制作。

基于AMI指标对智库的组织规范进行评价时，智库首先应为独立运行的、专门从事智库工作的机构，而且在此基础上还应具备部门完整性，即智库在研究部门、管理部门、财务部门等方面设置合理，配置完整。在智库现有的组织机构中（见图2-18），90%以上的样本智库设置了日常管理部门或岗位，80%以上的样本智库设置了学术委员会，30%以上的样本智库设置了理事会，而在客户关系维护、媒体公关、外事管理方面设置相关部门或岗位的样本智库则相对较少，完全没有设置上述所列相关部门或岗位的样本智库全部是高校智库。

针对智库的部门岗位设置（见图2-19），认为非常合理的样本智库不足30%，约有半数的样本智库认为较为合理，而自认为部门岗位设置不合理的样本智库全部是高校智库。

组织机构	样本智库数量（家）
理事会	167
学术委员会	368
智库日常管理部门或岗位	407
客户关系维护部门或岗位	86
媒体公关部门或岗位	122
外事管理部门或岗位	129
所列部门或岗位都没有	16
其他部门或岗位	34

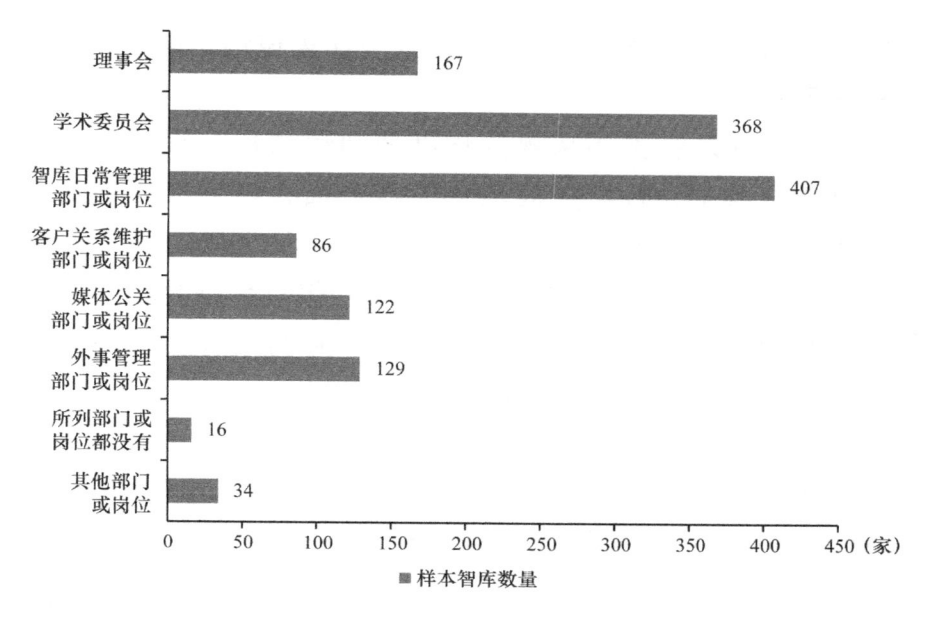

图 2-18　样本智库组织机构建设情况

注：多选题。

资料来源：课题组制作。

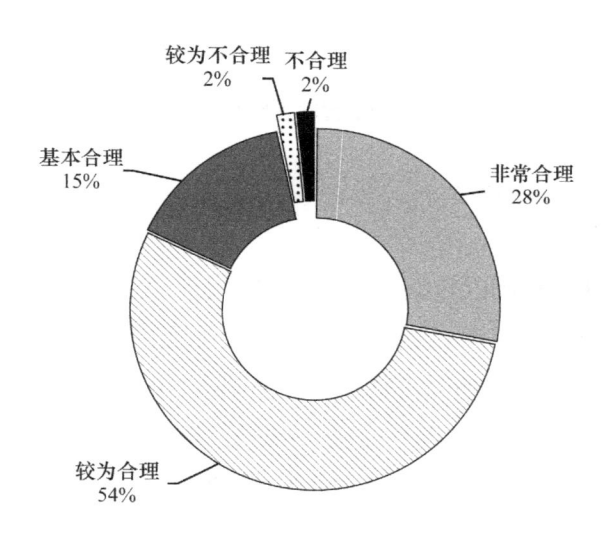

图 2-19　样本智库部门岗位设置合理性

- 非常合理　28%
- 较为合理　54%
- 基本合理　15%
- 较为不合理　2%
- 不合理　2%

资料来源：课题组制作。

3. 管理系统：制度化、规范化管理任重道远，高校智库亟待强化落实

智库管理系统主要从规范化管理和信息化管理两个方面加以评价。其中，智库在规范化管理方面，以标准化项目管理制度、资金使用管理制度、外事管理制度三项为例。如图2-20所示，86%以上的智库都有制定并执行标准化项目管理制度和资金使用管理制度，51%的智库有制定并执行外事管理制度。

管理制度	样本智库占比(%)
标准化项目管理制度	86
资金使用管理制度	87
外事管理制度	51
其他制度	10
三项制度都没有	3

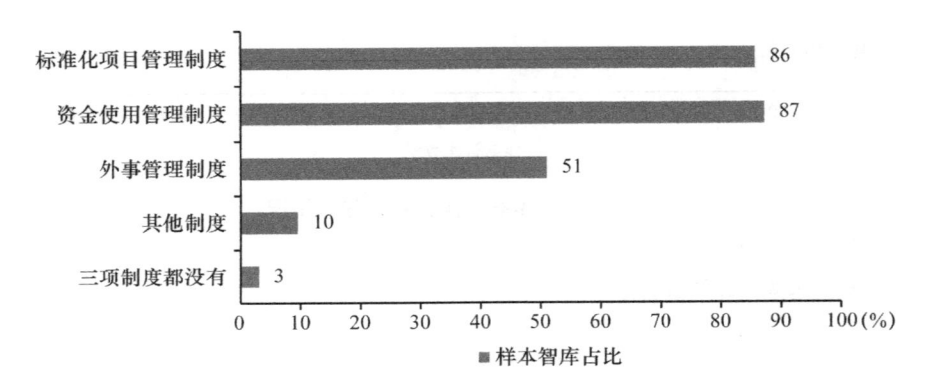

图2-20 样本智库管理制度建设情况

注：多选题。
资料来源：课题组制作。

从现有规章制度的制定及执行情况来看（见图2-21），尽管82%的样本智库都认为现有规章制度完备且有效执行，然而仍存在13%的样本智库制度完备但部分执行，更有超过5%的样本智库反馈制度建设不完备。仅就样本智库反馈数据而言，标准化项目管理制度、资金使用管理制度、外事管理制度三项制度都不具备的智库，以及制度不完备或执行不到位的智库几乎都是高校智库，制度完备但部分执行的智库以社会智库为主。

制度不完备
5%

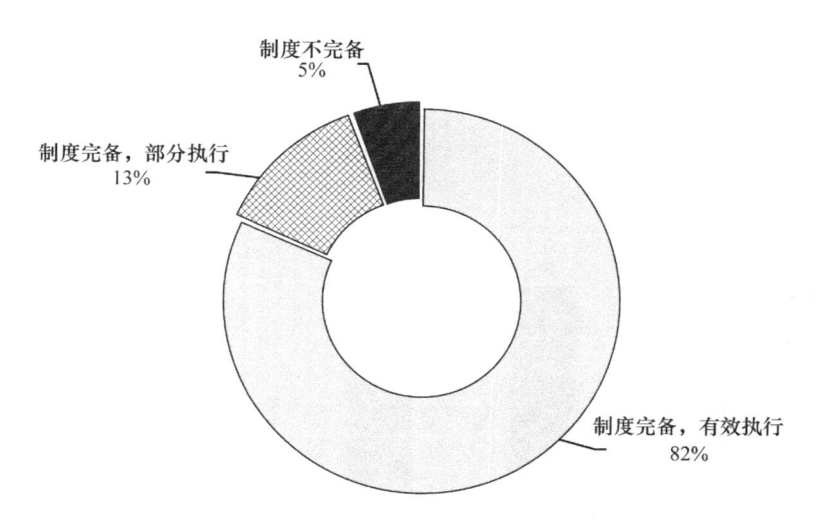

制度完备，部分执行
13%

制度完备，有效执行
82%

图2-21 样本智库规章制度的制定及执行情况

资料来源：课题组制作。

智库的核心功能是咨政建言，其工作内容及特性决定了保密管理是智库规范化管理中一项不可或缺的重要工作。从制度、人员、设施三方面考察智库的保密管理工作落实情况（见图2-22），可知80%的样本智库制定了保密规章制度，50%以上的样本智库设置了保密管理专人专岗、配置了保密设施，没有采取保密措施的样本智库几乎全部是高校智库。

4. 研究能力：亟须具有专业性、科学性、前沿性的研究方法

智库研究能力主要从研究方法、创新能力和基础研究能力三个方面加以评价。其中具有专业性、科学性和前沿性的研究方法是智库提升研究能力的核心要素。从调查问卷反馈数据来看（见图2-23），绝大多数样本智库认为自身已配备具有专业性、科学性、前沿性的研究方法，但与此同时，仍有智库反馈尚未具备专业性、科学性、前沿性的研究方法，而这其中又以企业智库和社会智库为主。智库先要寻求契合自身研究内容和专业领域的研究方法，才能进一步提升研究效率和成果质量。

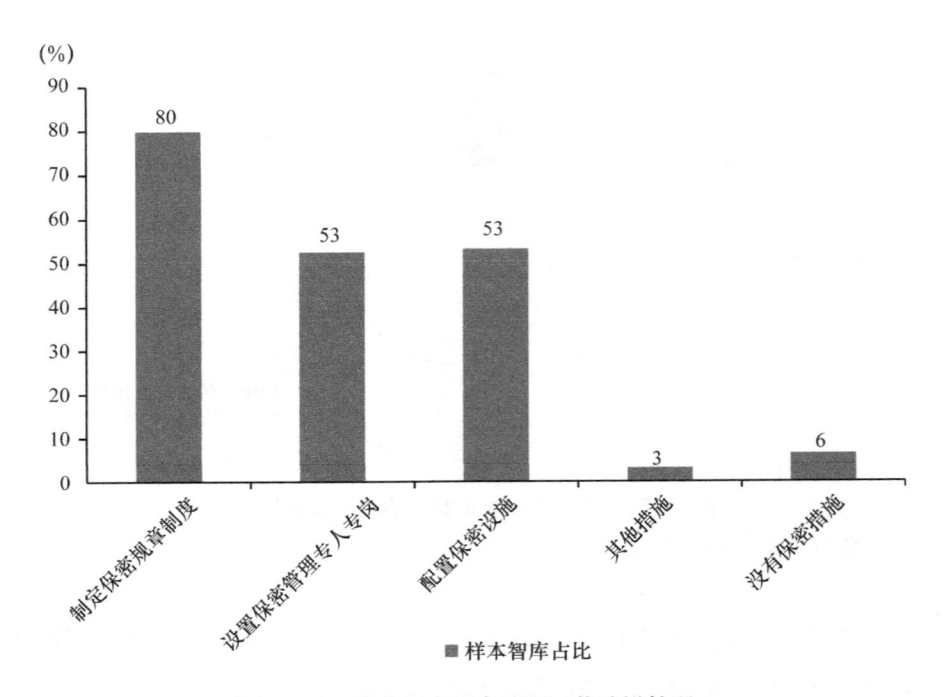

图 2-22　样本智库保密管理工作建设情况

注：多选题。

资料来源：课题组制作。

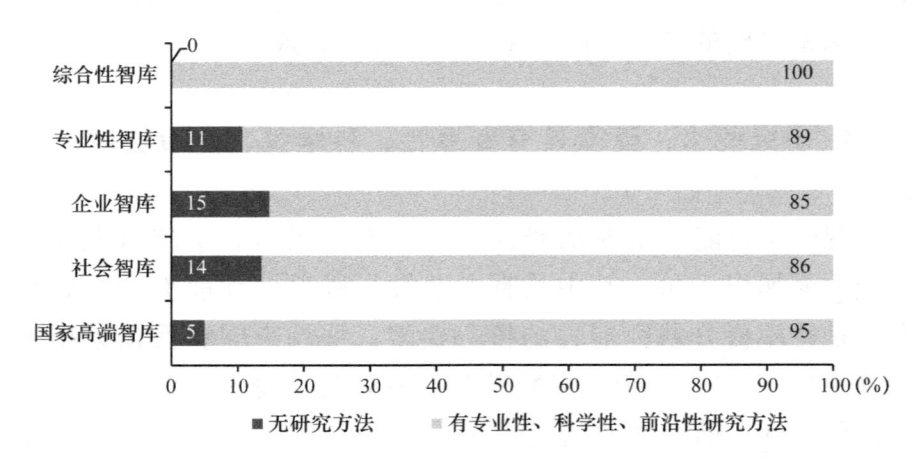

图 2-23　样本智库研究方法使用情况

资料来源：课题组制作。

(四) 智库影响力

1. 政策影响力

智库政策影响力主要从智库的咨政方式、成果转化、咨政渠道、与决策部门的关系四个方面加以评价。

(1) 咨政方式：咨政报告为中心，多种方式为补充

"十三五"时期，智库发挥政策影响力的有效咨政方式日益多样化。如图 2－24 所示，80% 的样本智库以向决策部门报送咨政报告为主，通过咨政座谈会、听证会、授课等为决策部门提供政策咨询服务的样本智库占比 69%，完成中央直接交办任务、项目和课题的样本智库占比 20%，具备咨政类定期出版物的样本智库不足 10%。

咨政方式	样本智库占比(%)
咨政座谈会、听证会、授课等为决策部门提供政策咨询服务	69
参与文件起草、前期研究等政策制定活动	49
向决策部门报送咨政报告	80
完成中央直接交办任务、项目和课题	20
完成省部级交办、委托项目	47
承接外部委托项目	10
咨政类定期出版物	6
其他	2

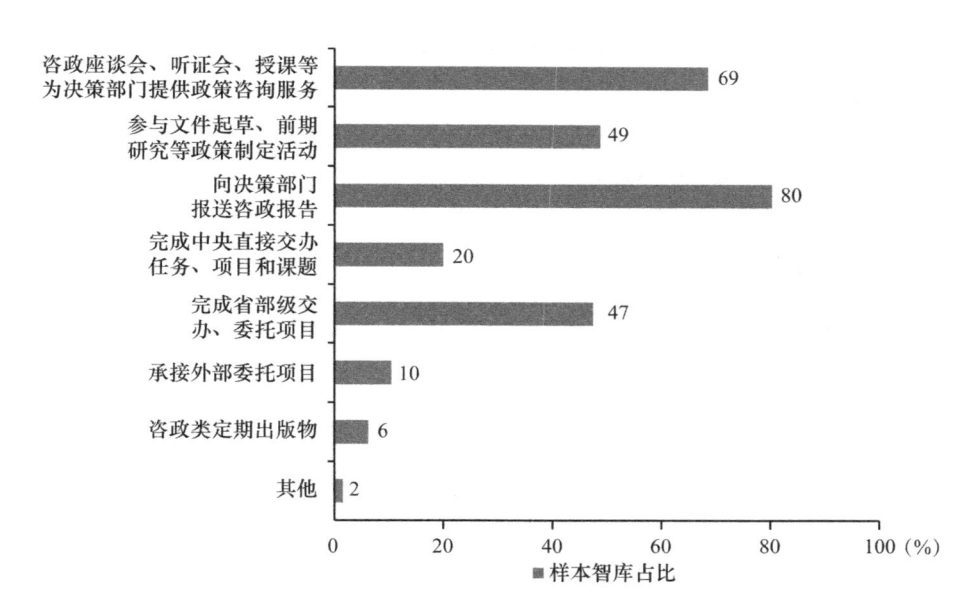

图 2－24　"十三五"时期样本智库的有效咨政方式

注：多选题。

资料来源：课题组制作。

（2）成果转化：采纳应用高度依赖批示，又不限于批示

在智库评价指标中，批示被作为衡量智库决策影响力的重要指标，然而智库研究以问题为导向，智库研究成果只有在政策制定过程中得到实际采纳和转化应用，才能真正发挥"源于实践、指导实践"的咨政功能。为此，2021年问卷针对批示与成果转化的关系进行了设问调查。从调查问卷反馈数据来看（见图2-25），在具有省部级咨政渠道的样本智库（90%以上）中，其成果在"十三五"时期获得批示且得到采纳和应用的智库超过80%；另有少量智库（3.6%）的成果虽未获批示，但得到了实际的采纳和转化应用；与之相比，获得批示却未得到采纳和应用的智库占比为2%。现阶段我国智库的成果转化虽高度依赖批示，但2021年项目调研结果也从一个侧面验证了智库研究成果即使未获得批示，也并不影响有用的成果得到转化、应用，因此对于智库成果政策影响力的评价也不能片面局限于批示的有无。

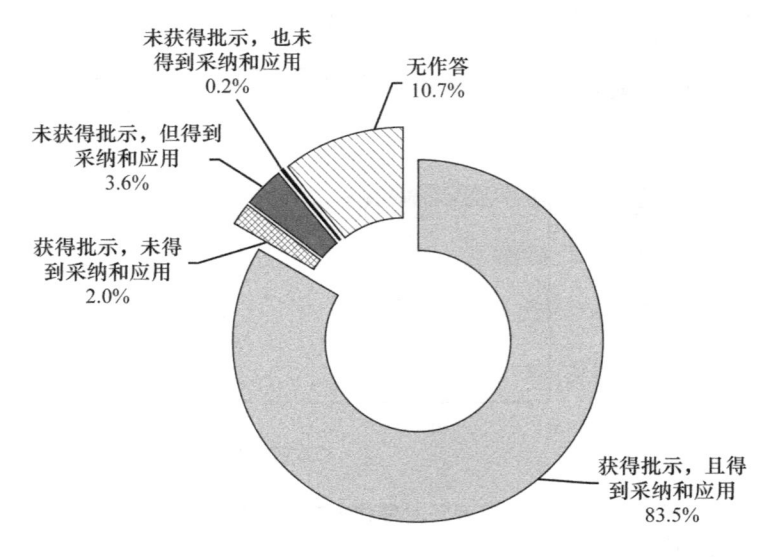

图2-25 "十三五"时期样本智库成果获得批示和转化应用的情况
资料来源：课题组制作。

2021年问卷针对各类型样本智库成果获得批示和转化应用的情况进行了调查（见图2-26），在"十三五"时期，聚焦成果未获批示和转化应用的样本智库占同类型智库比重：社会智库最高（14%），其次是专业性智库（12%）和企业智库（11%），两者基本持平，综合性智库和国家高端智库的成果不存在没有获得批示和转化应用的情况。

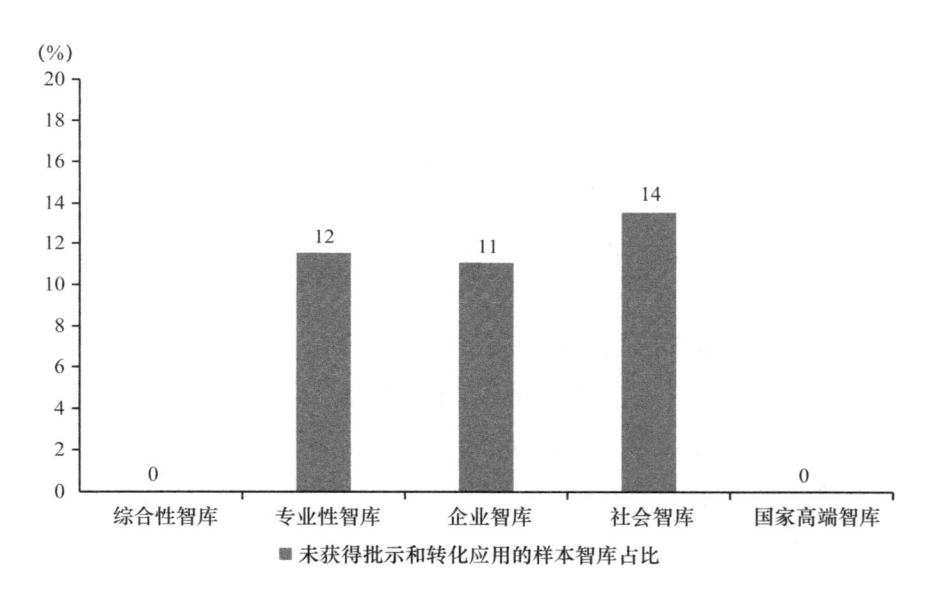

图2-26 "十三五"时期智库成果没有获得批示和转化应用的样本智库类型分布

资料来源：课题组制作。

（3）咨政渠道：省部级渠道为主，多层级咨政体系尚在建设

课题组在问卷中设置了多选项供智库作答，如图2-27所示，智库现有咨政渠道以省部级渠道为主，超过90%的样本智库表示可以利用这一渠道；具备服务国家战略的国家级渠道或支持地方建设的省部级以下渠道的样本智库占比均为58%，而没有咨政渠道的样本智库除1家企业智库外，全部是高校智库。

38　国家智库报告

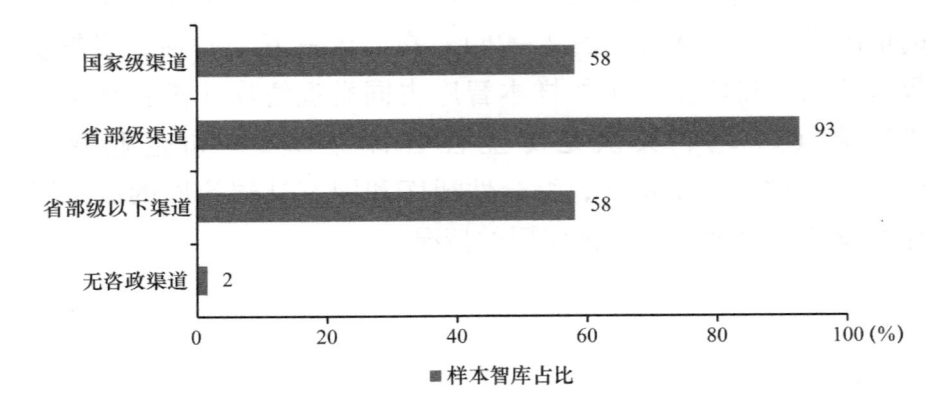

图 2-27　样本智库现有的主要咨政渠道

- 国家级渠道：58
- 省部级渠道：93
- 省部级以下渠道：58
- 无咨政渠道：2

注：多选题。
资料来源：课题组制作。

（4）与决策部门的关系：人才流动欠缺活力，尚未形成良性互动

"十三五"时期的人才流动情况如图 2-28 所示。"十三五"时期样本智库中，有 59% 的智库与党政部门之间不存在人才双向流动。从具有党政部门任职经历的工作人员在智库与党政部门之间的流向看，流出大于流入的智库数量明显更多。

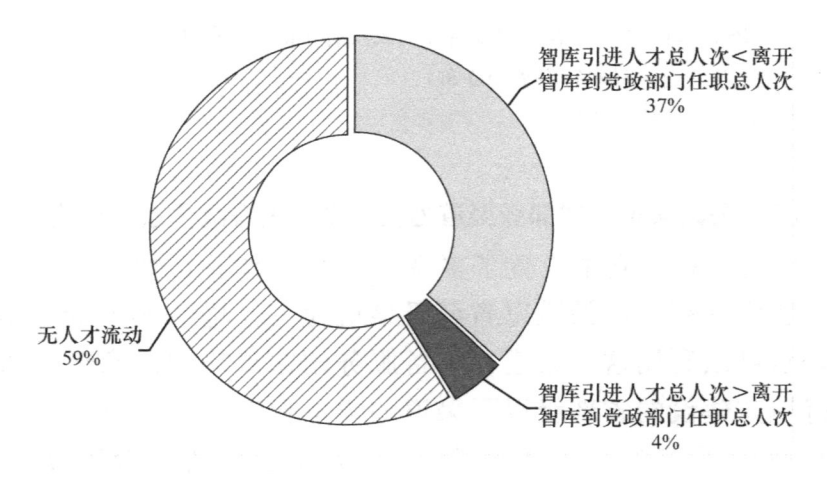

图 2-28　"十三五"时期样本智库人才流动情况

- 无人才流动：59%
- 智库引进人才总人次 < 离开智库到党政部门任职总人次：37%
- 智库引进人才总人次 > 离开智库到党政部门任职总人次：4%

资料来源：课题组制作。

人员在智库和党政部门之间的流向及流动人次是评价智库与决策部门关系的一个重要指标，与此同时，智库对外提供干部培训也是拓建人脉、增进与党政部门间认识与联系的有效途径。如图 2-29 所示，"十三五"时期，各类型智库均有对外提供干部培训，其中综合性智库和国家高端智库中具有对外提供干部培训职能的样本智库占比都超过了 50%，社会智库中具有对外提供干部培训职能的样本智库占比最低，不足 1/3，企业智库和专业性智库中对外提供干部培训的样本智库占比基本持平，仅比社会智库略高 5%。

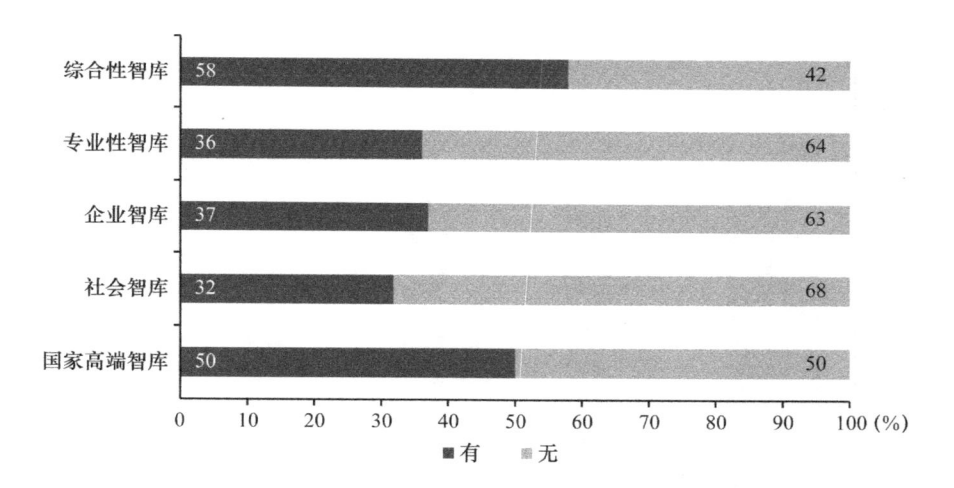

智库类型	有	无
综合性智库	58	42
专业性智库	36	64
企业智库	37	63
社会智库	32	68
国家高端智库	50	50

图 2-29　"十三五"时期样本智库提供干部培训情况

注：多选题。

资料来源：课题组制作。

2. 学术影响力

智库学术影响力主要从学术成果和学术活动两个方面加以评价。2021 年问卷针对学术期刊和国内会议品牌建设情况进行了调查。从各类样本智库有无主办且正常出版的学术期刊和国内会议品牌两项指标来看智库的学术影响力，如图 2-30 所示，国家高端智库几乎都有主办且正常出版的学术期刊，并同时具有国内会议品牌，两者占比相同，均为90%；综合性智库在主办且正常出版学术期刊与打造国内会议品牌两方面均衡推进，但在办刊方面有成效的样本智库占比多于已具有国内会议品牌的样本智库；而社会智库中有能力主办学术期刊的样本智库占比最小，仅为23%，但具有国内会议品牌的样本智库占比高达82%，两者占比差值最大。综上而言，除综合性智库以外，其他各类智库均呈现出相较于主办学术期刊而言，打造国内会议品牌的样本智库占比更高的情况。

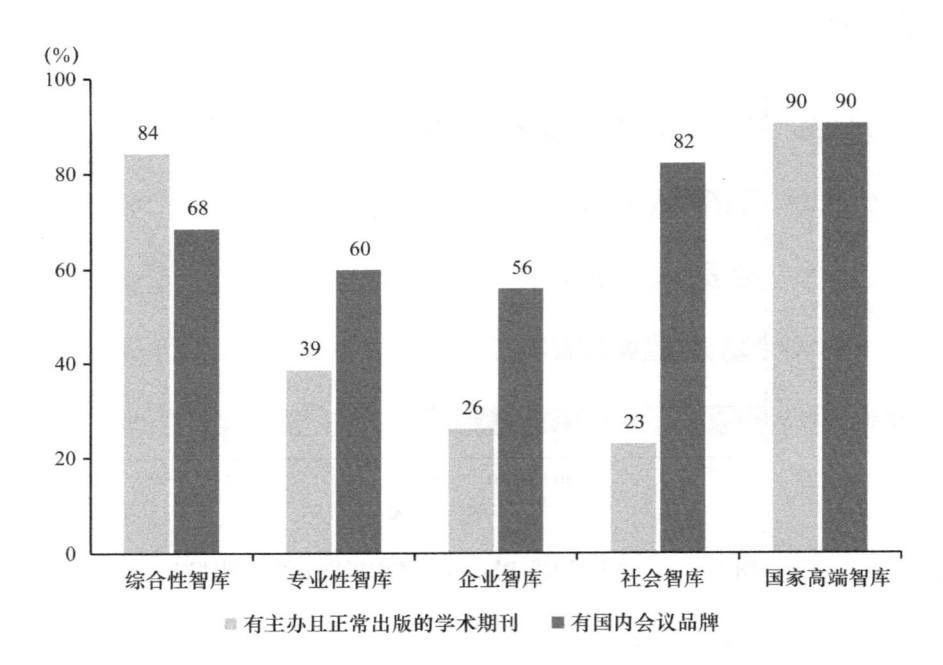

图 2-30 样本智库学术期刊与国内会议品牌建设情况

资料来源：课题组制作。

3. 社会影响力

智库社会影响力主要体现在社会责任、媒体宣传、官方网站、信息公开和国内网络等方面的建设成效。

（1）社会责任：履责意识日益强化，不同类型智库差异化发展

样本智库在开展社会公益活动、政策宣讲活动、社会宣讲和培训活动等履行社会责任方面,虽有所加强,但各类型智库发展不均衡。如图2-31所示,国家高端智库引领发展,95%的样本智库都有开展相关活动,综合性智库积极开展相关活动,占比为89%,社会智库(占比82%)相比专业性智库(71%)和企业智库(70%)而言,更加注重履行社会责任。

智库类型	有	无
综合性智库	89	11
专业性智库	71	29
企业智库	70	30
社会智库	82	18
国家高端智库	95	5

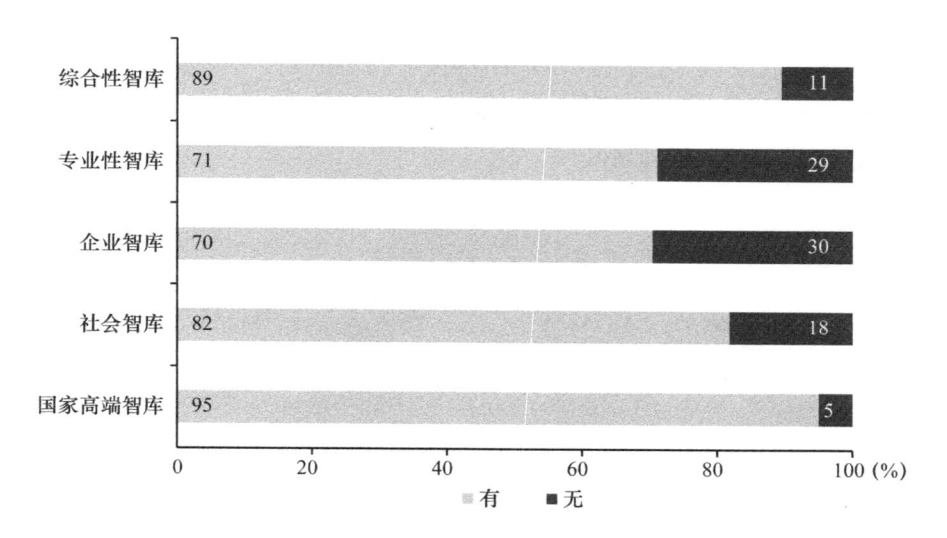

图2-31 样本智库履行社会责任情况

资料来源:课题组制作。

(2)媒体宣传:新媒体运用凸显,助推宣传渠道多样化

"十三五"时期,449家样本智库对传统媒体和新媒体的运用情况大致相当,通过智库专业技术人员在覆盖全国的广播、电视、报纸等传统媒体或新媒体上发表政策性观点的总次数以及获得报道的总次数加以评价。样本智库在获得报道方面(见图2-32),相较于传统媒体(占比45%),更多来自新媒体(占比55%)。

如图2-33所示,449家样本智库在运用媒体发表政策性观点方面,传统媒体和新媒体的占比几乎一样。

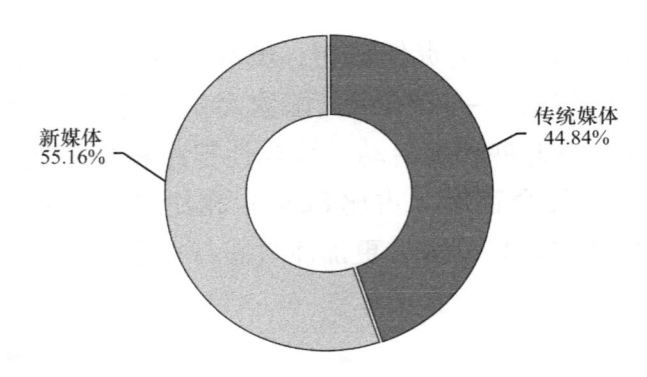

图 2-32　"十三五"时期样本智库通过传统媒体和新媒体获得报道的情况
资料来源：课题组制作。

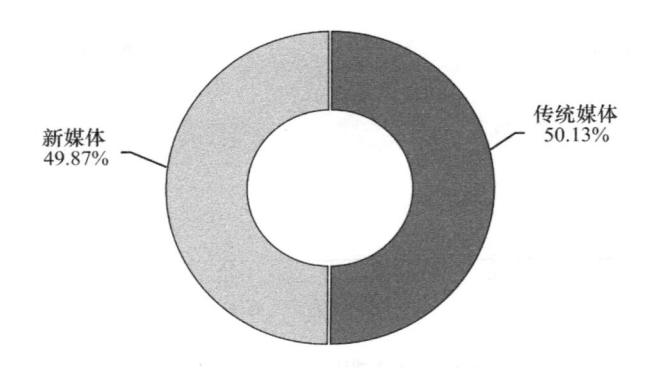

图 2-33　"十三五"时期样本智库运用传统媒体和新媒体发表政策性观点的情况
资料来源：课题组制作。

在宣传渠道方面，2021年问卷重点针对智库官方网站和微信公众号建设情况进行了调查。如图2-34所示，目前国家高端智库全部建有官方网站和微信公众号。具体到各类型样本智库而言，综合性智库虽已全部建立官方网站，但微信公众号（占比68%）建设情况明显落后于社会智库和企业智库；社会智库虽然有95%都开设了微信公众号，但已具备官方网站的样本智库占比不足75%；相较而言，专业性智库在官方网站（占比71%）和微信公众号（占比66%）建设方面整体表现稍弱，企业智库在官方网站（占比85%）和微信公众号（占比81%）建设方面则是齐头并进。

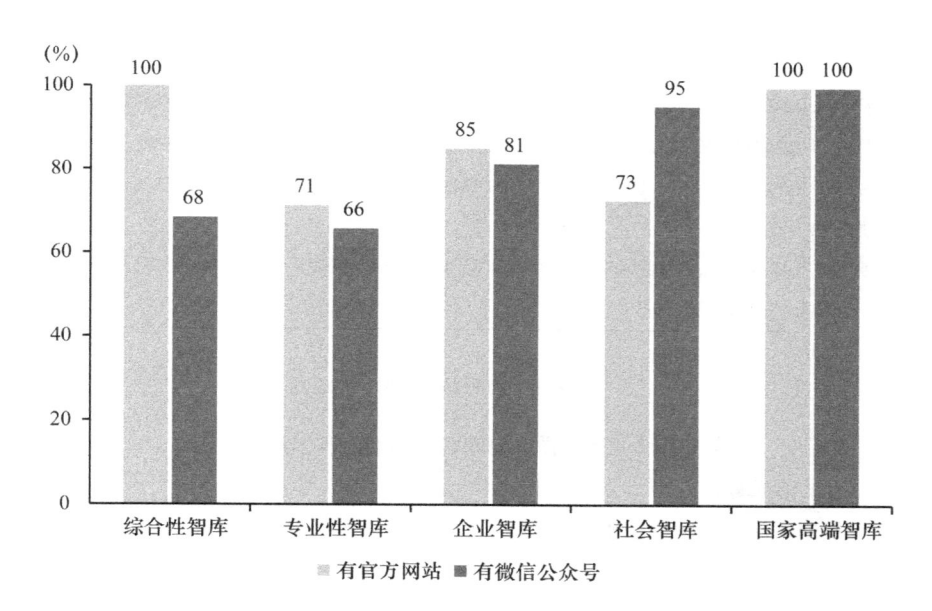

图 2-34 样本智库宣传渠道建设情况

资料来源：课题组制作。

（3）官方网站及其信息公开：强化网站建设，提升信息开放度、丰富度、及时性

智库官方网站的建设情况从官方网站内容、更新频率、年点击量三个方面加以评价，而信息公开则从成果的开放获取程度和信息推送服务水平两个方面加以评价。2021年问卷对智库官方网站的内容丰富度和更新频率，以及官方网站对研究成果、机构资料等信息的开放获取程度进行了考察。如图 2-35 所示，建有官方网站的样本智库（全样本的75%）在其官方网站公开机构概况、机构动态、人员介绍、研究成果和联系方式的占比超过90%，但各类型智库在财务信息披露方面都非常有限。

在建有官方网站的样本智库中（见图 2-36），官方网站每周更新一次的样本智库最多，占比超过1/3，其次是每日更新一次的样本智库，占比接近1/3，此外每两个月及以上更新一次官方网站的样本智库占比约为10%。

44　国家智库报告

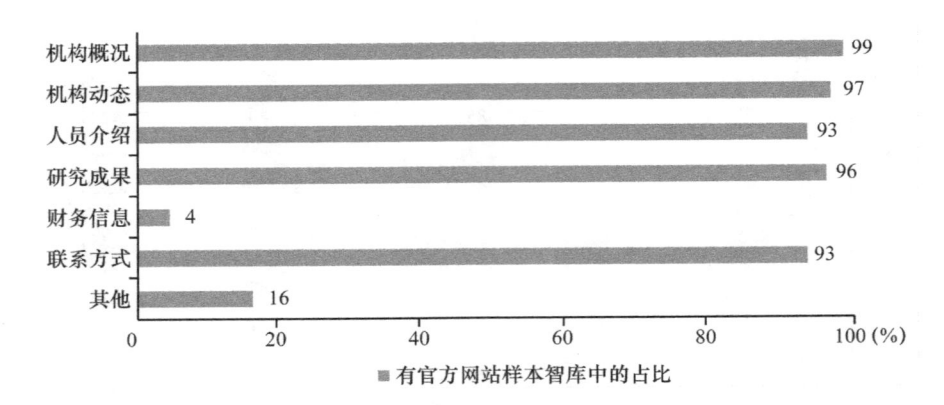

图 2-35　样本智库官方网站内容丰富度

- 机构概况：99
- 机构动态：97
- 人员介绍：93
- 研究成果：96
- 财务信息：4
- 联系方式：93
- 其他：16

注：多选题。
资料来源：课题组制作。

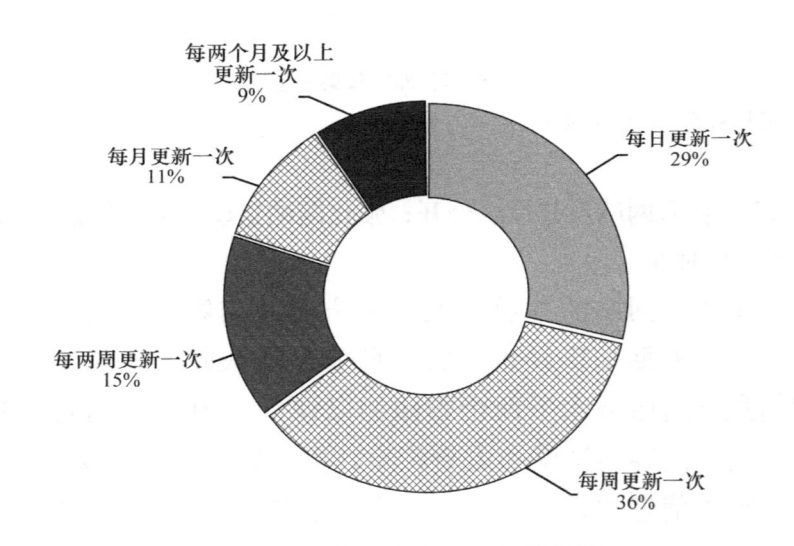

图 2-36　样本智库官方网站更新频率

- 每日更新一次：29%
- 每周更新一次：36%
- 每两周更新一次：15%
- 每月更新一次：11%
- 每两个月及以上更新一次：9%

资料来源：课题组制作。

在建有官方网站的样本智库中（见图 2-37），官方网站对研究成果、机构资料等信息的开放获取主要以无偿提供为主，提供付费的有限制开放获取的样本智库仅占 2%。无偿提供信息获取的样本智库中，有限制开放获取的样本智库多于提供无限制开放获取的样本智库，另有超过 10% 的样本智库不提供开放获取服务。

不提供开放获取
13%

有限制开放获取
(付费)
2%

提供无限制开放获取
39%

有限制开放获取
(无偿)
47%

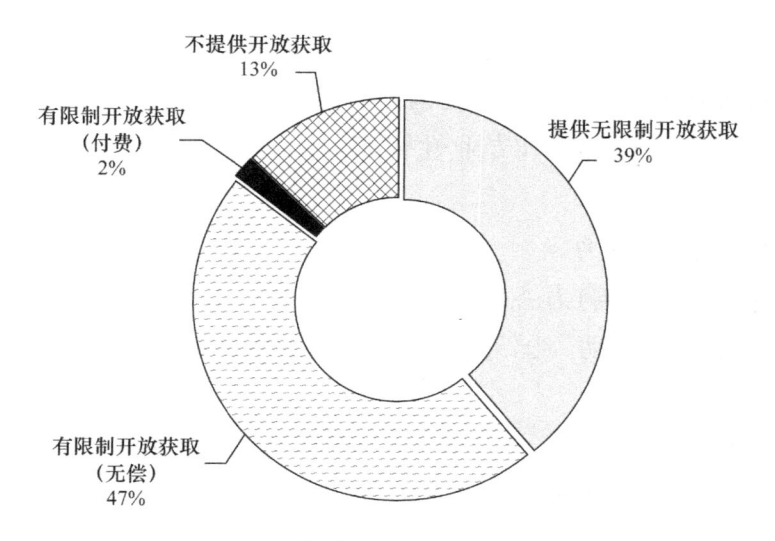

图 2-37　样本智库官方网站信息开放获取程度

资料来源：课题组制作。

（4）国内网络：起步阶段，规模有限

智库的国内网络建设可通过智库国内分支机构数量及与国内其他机构合建研究机构的数量进行评价。在智库的国内分支机构网络建设方面（见图 2-38），各类型智库中均有一定比例

类型	有国内分支机构	无国内分支机构
综合性智库	21	79
专业性智库	15	85
企业智库	44	56
社会智库	41	59
国家高端智库	40	60

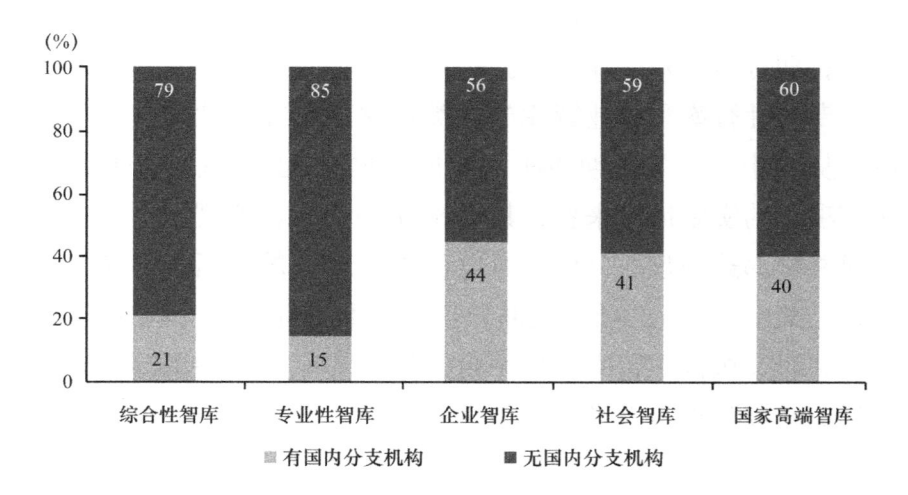

图 2-38　样本智库国内分支机构建设情况

资料来源：课题组制作。

的样本智库已建有国内分支机构，企业智库、社会智库、国家高端智库中具备国内分支机构的样本智库的占比基本持平，且明显高于综合性智库和专业性智库。

4. 国际影响力

智库国际影响力主要从支持外交工作、国际会议、国际合作、国际人才流动、国外媒体、国际网络、外语应用七个方面加以评价。

（1）国际化建设：各类型智库差异显著，整体水平较低

智库国际化建设方面（见图 2-39），在 451 家样本智库中，国家高端智库已全部拥有国际会议品牌，在与国外/国际机构签订合作协议的基础上，拥有持续开展 3 年及以上的合作研究项目，并与国外/国际机构或个人合作发表研究成果。拥有国际会议品牌的样本智库中，综合性智库和专业性智库的同类占比高于企业智库和社会智库；与国外/国际机构签订合作协议的样本智库中，综合性智库和社会智库的同类占比高于专业性智库和企业智库；拥有与国外/国际机构持续开展 3 年及以上的合作研究项目的样本智库中，社会智库的同类占比高于综合性智库、专业性智库和企业智库；拥有与国外/国际机构或个人合作发表研究成果的样本智库中，专业性智库和企业智库的同类占比高于综合性智库和社会智库。从"十三五"时期 449 家智库与国外/国际机构开展的合作研究项目的实施情况来看，其中 80% 的项目都实现了全部按计划完成并全部达到预期目标，但也存在近 10% 的项目部分按计划完成，且其中近 2% 的项目仅部分达到预期目标。在与国外/国际机构合办研究机构、智库合作平台，以及智库人员到国际或地区组织任职和接收外籍人员在智库任职方面，国家高端智库的同类占比高于非国家高端智库；各类型样本智库中，社会智库和专业性智库的同类占比高于综合性智库和企业智库，且综合性智库中尚未见接收外籍人员任职的实例。

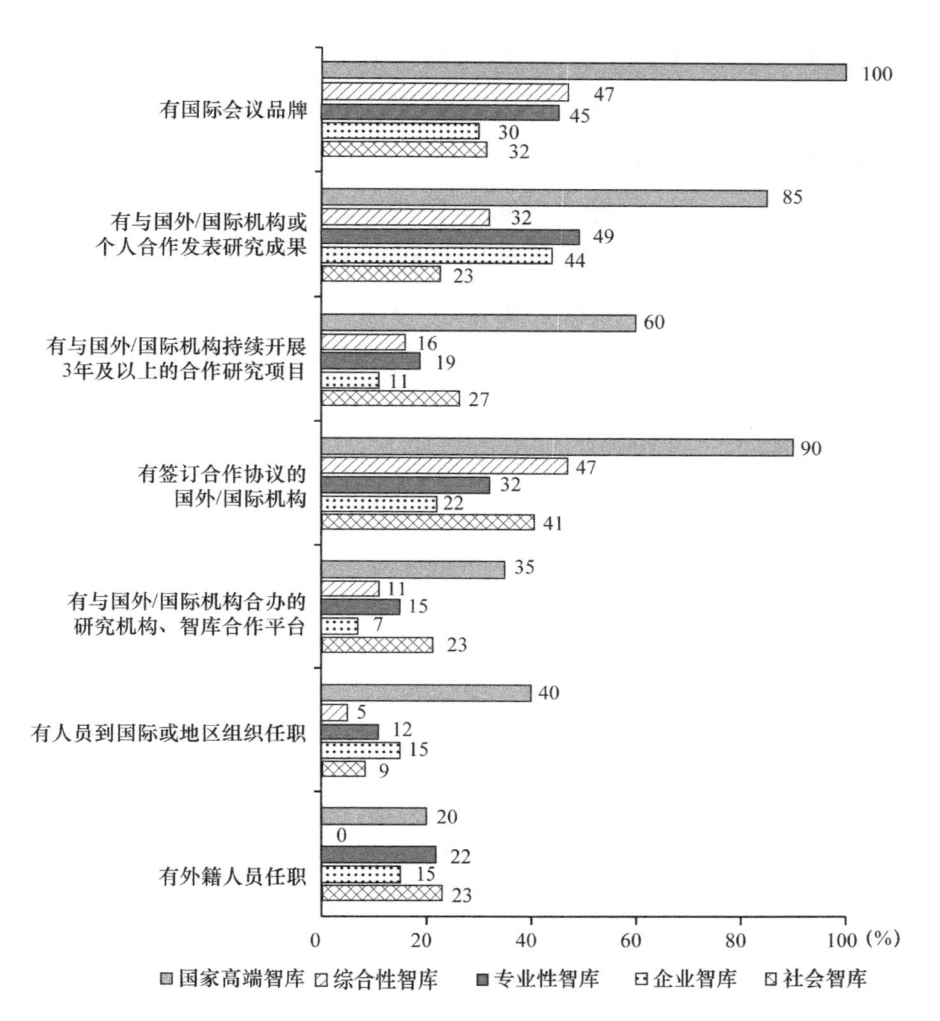

图 2-39 "十三五"时期样本智库的国际化建设情况

资料来源：课题组制作。

（2）国外媒体运用：利用不足，实效有限

智库运用国外媒体的情况，主要从智库专业技术人员在国外广播、电视、报纸和网络发表政策性观点的总次数以及机构获得国外广播、电视、报纸、网络报道的总次数加以评价。2021年问卷中特别针对各类型智库不利用国外媒体发表政策性观点（主观意愿）和智库人员无法利用国外媒体有效回应重大事件（客观成效）两种情况进行了设问调查。从调查问卷反馈数据来看，在"十三五"时期选择不利用国外广播、电视、报纸和网络发表政策性观点的样本智库，以及选择智库人员无法利用国外广播、电视、报纸和网络有效回应重大事件的样本智库中（见图2-40），综合性智库在两个选项上的占比（分别为58%和63%）都明显高于其他类型的智库，国家高端智库虽然都能利用国外广播、电视、报纸和网络发表政策性观点，但仍有个别智库（占比5%）反馈尚无法利用国外广播、电视、报纸和网络有效回应重大事件。

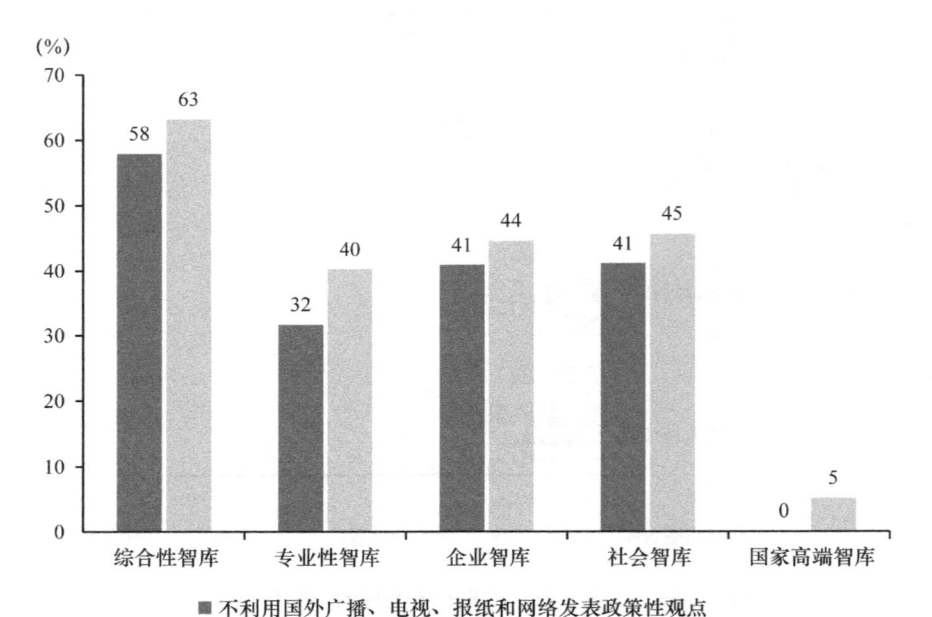

图2-40 "十三五"时期样本智库运用国外媒体情况
资料来源：课题组制作。

"十三五"时期，449家智库或智库人员获得过国外广播、电视、报纸、网络报道的样本智库占比超过60%。反之，在智库人员运用国外广播、电视、报纸和网络发表政策性观点方面（见图2-41），偶尔利用和完全不利用的样本智库占比相当，均为1/3左右,反馈利用受限的样本智库占比约10%。不利用国外广播、电视、报纸和网络发表政策性观点的样本智库以专业性智库为主,综合性智库、企业智库和社会智库的占比相当。

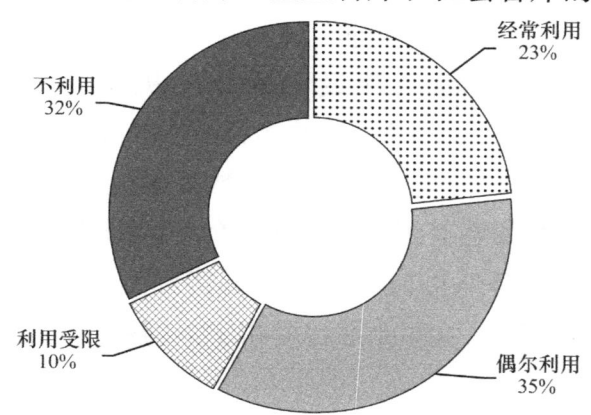

图 2-41　"十三五"时期样本智库运用国外媒体发表政策性观点情况
资料来源:课题组制作。

"十三五"时期,在智库人员运用国外广播、电视、报纸和网络回应重大事件方面(见图 2-42),认为能够积极有效回应的样本智库不足1/4,相比之下,认为无法有效回应的样本智库超过了40%,其中包括各种类型的智库,专业性智库占比最大。

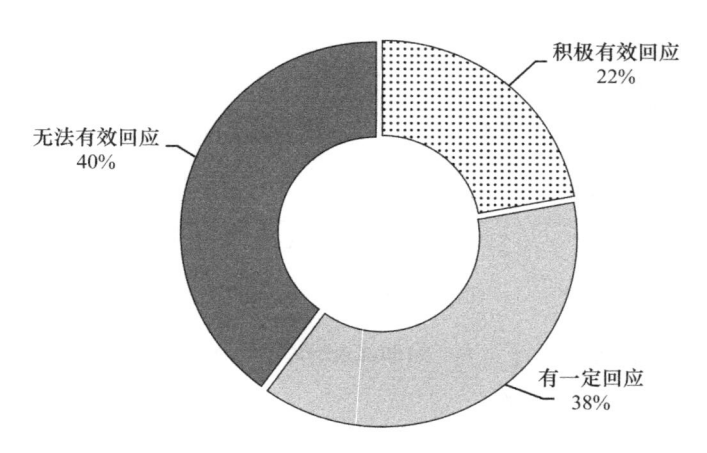

图 2-42　"十三五"时期样本智库运用国外媒体回应重大事件情况
资料来源:课题组制作。

(3) 国际网络：建设初期，不具规模

在智库的国际网络建设方面，从国外分支机构和外籍专业技术人员两个方面加以评价。其中，国外分支机构包括在其他国家注册的办公室、办事处、研究中心等。如图 2-43 所示，除综合性智库完全没有建设国外分支机构外，专业性智库（4%）、企业智库（19%）、社会智库（18%）以及国家高端智库（20%）中均有一定比例的样本智库设立了国外分支机构，其中国家高端智库建有国外分支机构的比重最大。"十三五"时期，有单独或与海外机构联合建立并实际运行实体机构的样本智库占比仅为 4%，以专业性智库为主，国家高端智库和社会智库占比相同。

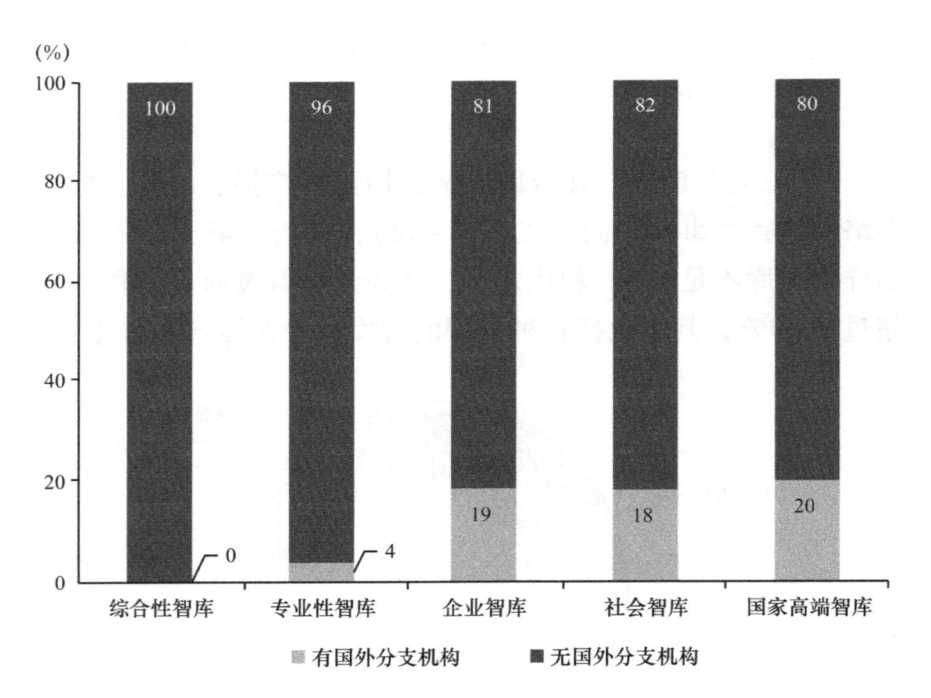

图 2-43 "十三五"时期样本智库国外分支机构建设情况

资料来源：课题组制作。

(4) 外语应用：英语为主，多语种应用程度较低

智库外语应用情况主要是对专业技术人员公开发布研究报告、发表学术论文，出版外文期刊，发布外文专题报告，以及外语网站四个方面使用的语种总数进行评价。以"十三五"时期智库在对外发布研究成果、主办外文期刊以及官方网站语言版本建设中的多语种运用为例考察智库的外语应用情况，如图2-44所示，对外发布多语种版本研究成果的样本智库占比为61%，但是主办外文期刊的样本智库占比仅为12%，建有多语种版官方网站的样本智库不足40%。

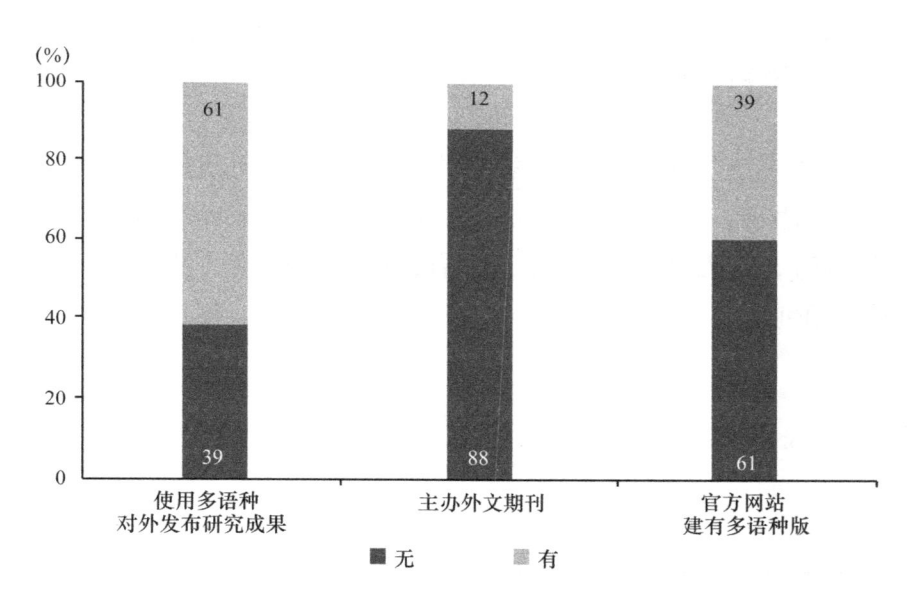

图2-44 "十三五"时期样本智库研究成果、主办外文期刊、官方网站建设中外语应用情况

资料来源：课题组制作。

"十三五"时期，样本智库在对外发布研究成果时使用过的外语语种包括16个，如图2-45所示，使用英语的样本智库最多（256家），其后多于10家样本智库使用的语种依次是日语、俄语、法语、西班牙语、阿拉伯语、德语、韩语。

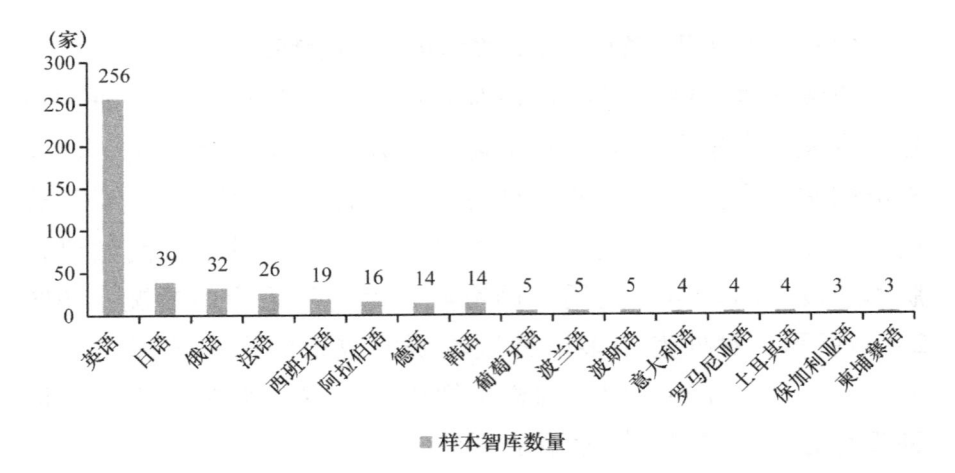

图 2-45　"十三五"时期样本智库对外发布研究成果时使用的外语语种
资料来源：课题组制作。

"十三五"时期，样本智库主办的外文期刊使用的外语共涉及 8 个语种，如图 2-46 所示，主办英文期刊的样本智库最多（52 家），其后依次是日语、韩语、俄语、德语、法语、阿拉伯语和缅甸语。

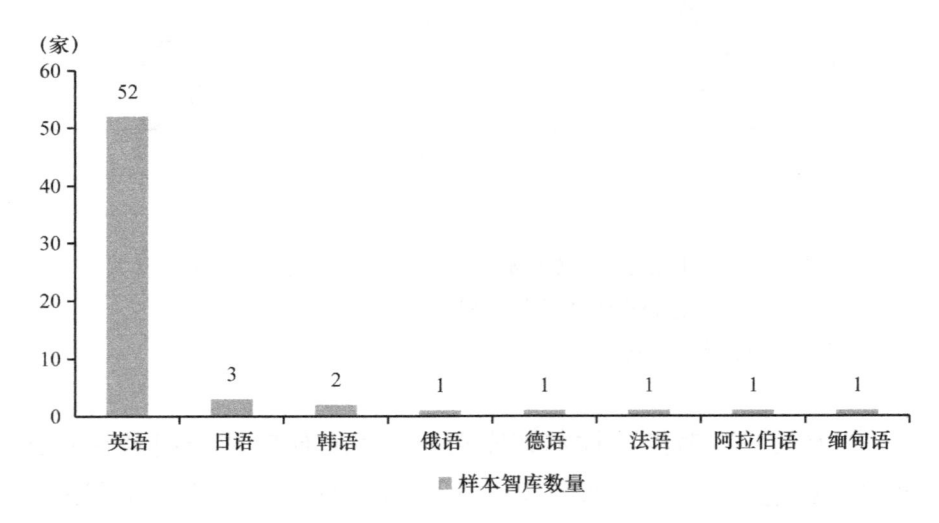

图 2-46　主办外文期刊的"十三五"时期样本智库外语语种使用情况
资料来源：课题组制作。

"十三五"时期,样本智库官方网站的外语版本共涉及15个语种,如图2-47所示,以英语最多,有176家样本智库,其后2家及以上样本智库使用的语种依次是日语、西班牙语、阿拉伯语、德语、法语、俄语、缅甸语。

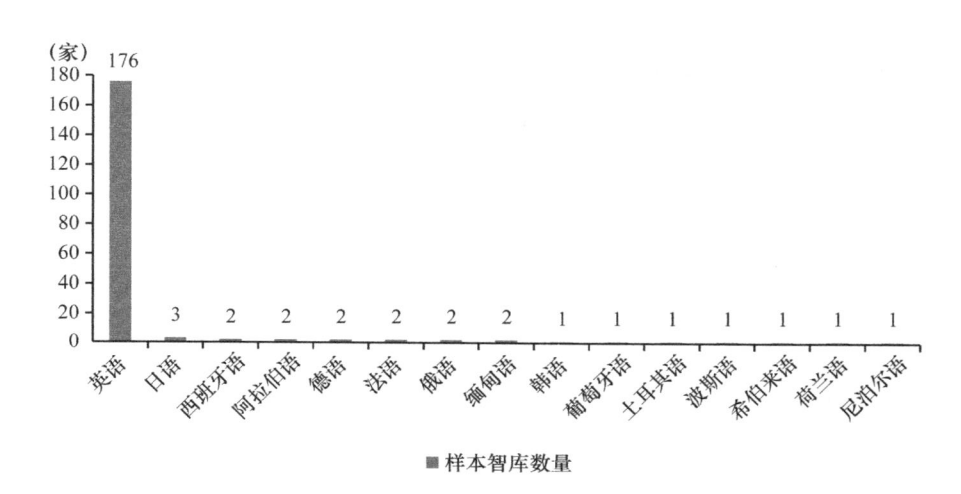

图2-47 "十三五"时期样本智库官方网站外语语种使用情况
资料来源:课题组制作。

系统全面、求真务实采集我国智库的一手数据,进而公平、客观、科学、准确评价中国智库在"十三五"时期的建设发展实况,是课题组基于"中国智库综合评价AMI指标体系(2021)"设计2021年问卷的初衷。课题组多年来持续关注中国智库的建设发展,通过多轮国内外智库评价研究项目的实施,对于问卷调研的操作难点、设问的读取与解答、数据的统计口径与填报方式等现实问题,积累了一定的实践经验。基于前期积累和实地调研获取的资料信息,结合中国智库的发展现状和建设规划,课题组在2021年问卷设计过程中,进一步优化了设问方式和答题方法。尽管课题组通过预填报阶段增设内测机制、正式填报阶段保持沟通答疑、回收阶段及时核查矫正,切实提升了有效问卷的反馈数量,但经过对有效问卷的填报数据进行逐一核查，课题组发现仍有一部分样本智库或因对问题的读取理解有偏差，或因统计口径不一致等各种缘由出现了填写不规范、数据不完整、数值不准确等情况。课题组恪守严谨治学、客观评价的工作态度，剔除样本数据存疑的指标项，不求全只求真，采取以分项分类评价代替 AMI 全指标样本分析的方法，从吸引力、管理力和影响力三个方面客观展现我国智库在"十三五"时期的建设实态与成效。

三 基于 AMI 指标体系的中国智库特色案例分析

问题是时代的口号,也是创新的起点和动力源。中共中央办公厅、国务院办公厅《关于加强中国特色新型智库建设的意见》(以下简称"两办《意见》")针对随着形势发展越来越突出的智库建设"跟不上、不适应"的问题,作出构建中国特色新型智库发展新格局、深化管理体制改革、健全制度保障体系、加强组织领导等部署安排。2016年5月17日习近平总书记在哲学社会科学工作座谈会上的讲话(以下简称"'5·17'重要讲话")中再次强调了要加强中国特色新型智库建设,建立健全决策咨询制度,同时也指出了智库发展中存在的问题,对智库提高研究质量、推动内容创新、更好发挥作用提出了殷切希望。

"十三五"时期,中国智库建设与智库研究的热潮达到顶峰。项目调查结果显示,2017年新成立的样本智库数量最多,2020年新成立智库数量缩减至2016年的一半。国内智库主题研究的发文量也在2017年达到峰值后逐年小幅减少,2020年发文总量已显著低于2016年。热潮稍退的另一面是提质增效和稳步发展成为大势。中国特色新型智库建设成效显著,重数量轻质量、重形式传播轻内容创新及其他形式主义做法大有改善,涌现出一批有代表性的中国特色新型智库,这些智库在发挥智库功能和完善内部治理等方面为探索中国特色新型智库建设道路积累了重要经验,取得了一系列智力成果,政策影响力、学术影响力、社会影响力、国际影响力不断提升。

勾勒与评估中国特色新型智库建设与发展现状正当其时。从智库实践以及"实践的逻辑"出发，总结中国智库的经验和问题，运用科学方法分析产生问题的根本原因和内在机理，深化关涉中国特色新型智库建设的基本认识，才能针对现实问题给出正确的诊断与处方。

课题组通过中国智库特色案例的研究及评选，展现不同智库的优势与特色及其在智库功能发挥、内部治理创新等方面的重要经验，选取代表性案例，关注普遍性问题和针对性解决方案，促进智库之间经验分享与借鉴学习，为决策部门、新闻媒体和社会公众等了解中国智库、获取智库成果与服务等提供有益参考，真正发挥"评估评价是智库发展的指挥棒"的作用，正向引导智库建设。

（一）特色案例征集及申报情况

1. 填报与审核

2021年3月31日—5月31日，所有参与评价研究院《2021年中国智库综合评价调查问卷》填报工作的智库，均可根据自身情况勾选特色指标，并按模板提交申报材料，分享其在智库功能和内部治理两大方面的突破性探索及取得的重要经验。课题组在《申报书》模板的填写说明中明确列出：以智库为单位进行申报，自拟具体案例名称，所有填写内容须真实、准确、合法、有效，不得涉密，因未进行版权登记和专利申请等知识产权保护措施而引起的一切纠纷，由申报单位负责。

2021年6月1日—7月10日，课题组在收到各单位的《申报书》后，逐一编码、归档、分类和审阅，比对核验《申报书》内容和问卷填写数据，针对不规范、不全面、不清晰及其他不符合填写要求的《申报书》，课题组均通过邮件、电话、微信等形式多次联系、反复沟通，要求相关单位尽快核实、补全、更正、完善等，以保证填报材料的完整性和规范性。

2. 回收与统计

为充分反映"十三五"时期中国特色新型智库建设的突出进展、重要成就及可能存在的问题，课题组主要参考两办《意见》的文本，聚焦智库功能发挥和内部治理创新两大关乎智库建设与发展的内容，设计出12项特色指标供智库勾选申报，《申报书》封面智库特色指标勾选区如表3-1所示。每家智库可申报至多三项特色指标，每项特色指标对应一份《申报书》（至多三份）。

表3-1　　　　　　《申报书》封面智库特色指标勾选区

智库特色指标 ※每项指标对应一份申报书		点击□勾选 （单选）
1	组织管理体制改革	□
2	研究体制改革	□
3	经费管理制度改革	□
4	成果评价和应用转化机制改革	□
5	人员绩效评价与激励机制改革	□
6	国际交流合作机制改革	□
7	其他专项或综合性改革	□
8	咨政建言	□
9	理论创新	□
10	舆论引导	□
11	社会服务	□
12	公共外交	□

资料来源：课题组制作。

课题组共收到有效《申报书》621份，其中"组织管理体制改革"32份、"研究体制改革"22份、"经费管理制度改革"3份、"成果评价和应用转化机制改革"19份、"人员绩效评价与激励机制改革"10份、"国际交流合作机制改革"36份、"其他专项或综合性改革"10份、"咨政建言"207份、"理论创新"87份、"舆论引导"49份、"社会服务"109份、"公共外交"37份。

（二）评选指标、方法与过程

1. 评价指标

课题组基于《申报书》内容和"中国智库综合评价AMI指标体系（2021）"，充分遵循智库功能发挥和内部治理创新的规律，从吸引力、管理力、影响力三个维度对申报的特色案例展开评选，并针对12个特色指标分别设计出与之相匹配的评价内容、评分结构和赋值权重等。

在吸引力方面，要求结合智库类型、研究方向、地域区位、特殊成果和特殊贡献等智库实际情况，考量智库在功能发挥的方式方法、成果成效等方面是否具有特色，考量智库是否明确问题导向、聚焦自身体制机制堵点难点开展改革。

在影响力方面，依据不同智库功能的内涵、作用形式、成果产出的特性细化考察指标项。例如，对咨政建言影响力的评价，不只依据活动及成果获得批示或采纳的数量，还考虑到其他应用转化情况，以及对具体产业、行业发展的贡献，对政治、经济、社会、文化、生态发展的影响等。又如，对理论创新影响力的评价，涉及理论研究的战略性、前瞻性、储备性，特别是服务国家发展战略情况，还包括研究方法的创新性和国内外同行评价情况等。再如，对社会服务影响力的评价，充分评估相关活动的社会价值、社会责任、社会实践性与可操作性，对推进政策实施、反馈社情民意和对社会发展的贡献等。对于内部治理创新的相关经验做法，则关注其示范性、可复制性、可推广性等。

在管理力方面，突出智库在功能发挥和内部治理创新过程中的科学管理和运营的专业水平。例如，对咨政建言管理力的评价涉及决策咨询供需对接、项目管理和平台运营情况，问题描述、论证过程、研究方法和应用方面的科学性和严谨性，调研数据丰富度和信息化水平等。又如，对理论创新管理力的评价，侧重研究过程管理和质量监督的规范性，在数据收集和整理、研究方法选择和应用方面的科学性和严谨性，智库间合作联动、信息共享等。再如，舆论引导和公共外交则要充分考虑利用平台、渠道的规范性和连续性，还要符合国内外舆情和传播规律等。内部治理创新则要考察实践性、合理性、可行性，改革成效情况等。

另外，明确使用负面指标，对于存在政治导向问题、学风不端问题，完成决策部门交办任务及课题质量较差、受到决策部门批评，违反外事、财务、宣传、保密纪律等情况，采取一票否决。

2. 评价方法与过程

在本次特色案例评选过程中，课题组始终秉承"以评促建、以评促改"的宗旨，坚持公平、公正、公开的原则，坚持定性与定量相结合的评价方法，基于中国智库特色案例评价指标形成相对应的结构化打分表。

整个评审过程包括书面评审、课题组初审、专家评审、会审四个阶段。

书面评审阶段，由课题组成员对《申报书》做匿名评阅处理以备后续评审阶段使用，重点关注《申报书》的完整性和规范性。

课题组初审阶段，按照中国智库特色案例评价指标对每一份《申报书》完成结构化打分，而后统计得分并考虑各类《申报书》占总量的比例，遴选出进入专家评审阶段的《申报书》。

专家评审阶段，不同专家按照中国智库特色案例评价指标对同一份《申报书》进行结构化评分并形成纸质评阅意见书，然后由课题组进行录分和统计。评审专家的职业领域涵盖智库从业者、从事智库评价或智库研究的相关人员、智库的上级管理方、智库的用户方或委托方、媒体从业者、出版人员等；研究领域充分匹配《申报书》涵盖专业和议题范围，包括政治、经济、金融、农业、文化、生态、教育、科技、法律、传播、国际关系、海洋权益、知识产权、区域国别研究等。

会审阶段，由智库主管方、智库从业者、智库研究者、智库评价方进行多方会审。会审前，课题组按照初审评分占60%、专家评分占40%的基本原则和综合考虑各类《申报书》的占比，得出特色案例、参考案例名单，提交会审专家进行充分讨论并商定最终结果。最终从621份《申报书》中，评选出56份《申报书》入选特色案例，约占《申报书》总量的9%；评选出63份《申报书》入选参考案例，约占《申报书》总量的10%。

（三）案例分析

本部分将从咨政建言、理论创新、舆论引导、社会服务、公共外交和内部治理创新六个方面呈现与分析621份《申报书》中的"特色案例介绍"文本内容。其中，前五个方面分别直接对应咨政建言、理论创新、舆论引导、社会服务、公共外交五个特色指标的《申报书》，主要涉及智库功能发挥，取自两办《意见》中国特色新型智库建设"总体目标"部分，即到2020年"充分发挥中国特色新型智库咨政建言、理论创新、舆论引导、社会服务、公共外交等重要功能"。第六个方面为内部治理创新，涵盖组织管理体制改革、研究体制改革、经费管理制度改革、成果评价和应用转化机制改革、人员绩效评价与激励机制改革、国际交流合作机制改革、其他专项或综合性改革七个涉及智库自身建设特色指标的《申报书》。课题组对六个方面共621份《申报书》中"特色案例介绍"的文本内容进行了分词和词语出现频次统计，频次为使用该词的《申报书》份数，不重复计数，并依次形成相应的《申报书》词云图，如图3-1至图3-5所示。

后文中将首先厘定基本概念和基本认识，而后以《申报书》回收数量和文本内容分析为基础呈现相应类别案例整体情况，特别是结合《申报书》"特色案例介绍"文本中涉及渠道、方式、议题等的高频词语进行深入解读，尝试总结具有一定普遍性的经验做法。

1. 咨政建言

咨政建言是中国特色新型智库的首要功能，围绕党和政府决策急需的重大课题、聚焦国家经济社会发展中的重大任务，以扎实的理论基础和科学的研究方法开展战略性、前瞻性、储备性政策研究，提出专业化、建设性、切实管用的政策建议，为党和政府科学民主依法决策提供智力支撑。

问卷调查结果中，65%的智库勾选"咨政建言"为自身优势和特色。尽管存在问卷勾选后未提交《申报书》的情况，但在回收的621份《申报书》中，咨政建言指标《申报书》份数仍是最多的，约占《申报书》总量的1/3，覆盖45%的样本智库。

习近平总书记在"5·17"重要讲话中强调要加强决策部门同智库的信息共享和互动交流，把党政部门政策研究同智库对策研究紧密结合起来，引导和推动智库建设健康发展、更好发挥作用。从《申报书》文本来看，"十三五"时期供给侧的积极性得到充分调动，同时，需求侧善用智库的意识也在增强。

智库通过撰写研究报告、完成委托课题、报送专报、编制与评估发展规划、起草政策文本等方式开展决策咨询服务，其影响力主要体现为成果获得批示、采纳、转化、应用，高频议题主要有经济、创新、社会、高质量、一带一路、文化、城市、教育、科技、政治、金融、生态、外交、舆情等。根据案例文本中相关词语被提及频次由高到低排序，智库的咨政渠道主要有教育部、中宣部、省政府、省委、外交部、国家发改委、中共中央办公厅、中联部、全国人大、全国政协、国务院办公厅、财政部、商务部、科技部、中央外办等，国务院发展研究中心、国务院研究室、中央政策研究室等中央和国家机关所属政策研究机构也成为少量智库的成果报送渠道。

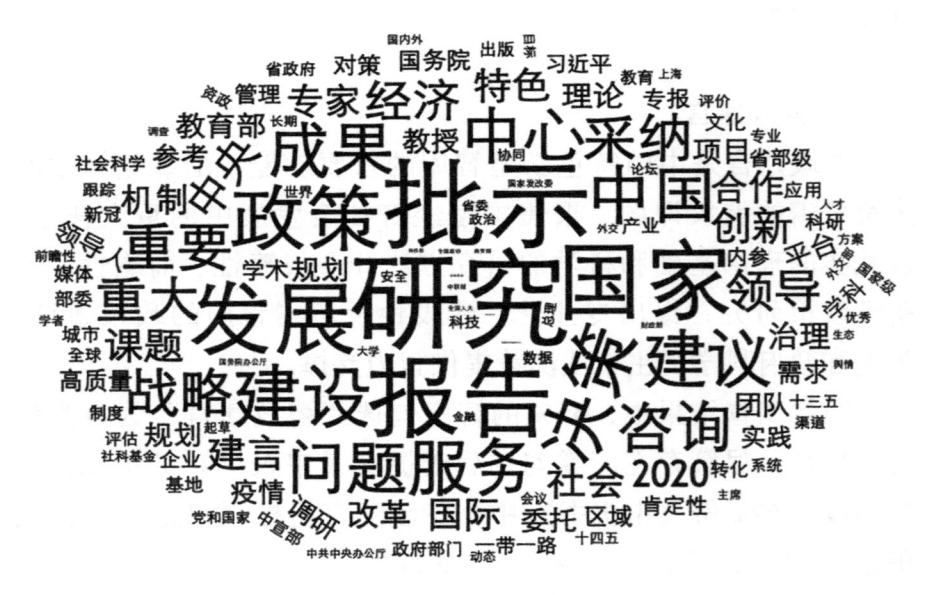

图 3-1 咨政建言《申报书》高频词

资料来源：课题组制作。

通过对"2021 年中国智库咨政建言特色案例"的经验总结发现，智库发挥较高政策影响力的实践案例主要是依托于中央交办、国家部委和地方政府的委托课题，且多以自设重点课题、实地调研、专题数据为支撑，同时这些智库注重探索建立机制化的决策需求对接与服务方式，如以特色研究方向或重要信息优势成为政策决策方的定点合作咨询机构或基地等。国家高端智库遥遥领先，同时一些立足地方或区域、服务国家战略的非国家高端智库也能够脱颖而出。

2. 理论创新

理论创新就是对社会实践中出现的新发展、新情况、新问题研究作出新的理论分析和回答，揭示规律、创建学说、阐明道理、提出办法等都是理论创新的具体方式。

问卷调查结果中，28%的智库勾选"理论创新"为自身优势和特色。尽管存在问卷勾选后未提交《申报书》的情况，在回收的621份《申报书》中，理论创新指标《申报书》份数约占《申报书》总量的14%，覆盖19%的样本智库。

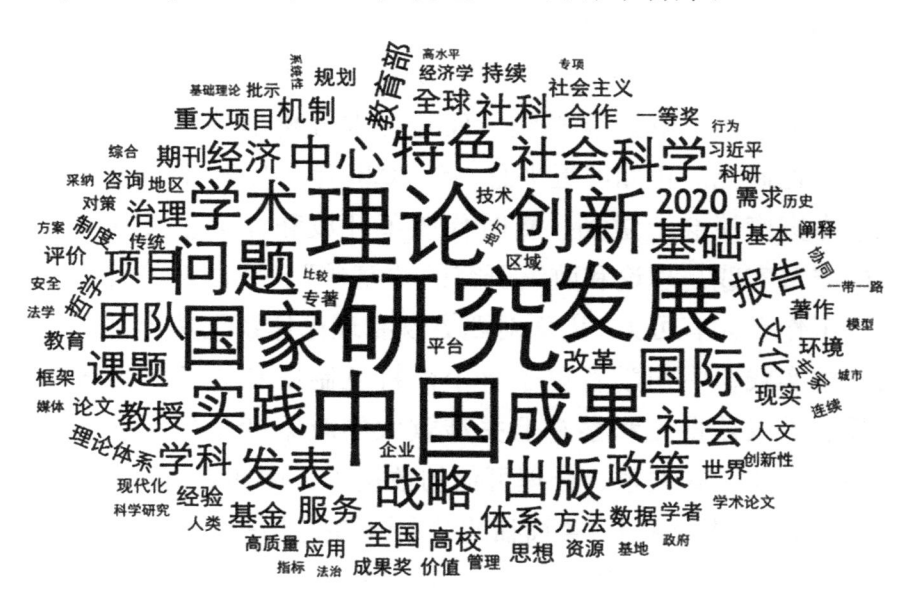

图 3-2 理论创新《申报书》高频词

资料来源：课题组制作。

"坚持理论创新"是一百年来中国共产党领导人民进行伟大奋斗的一条重要历史经验。从理论创新《申报书》文本来看，"十三五"时期，智库积极尝试从我国改革发展的实践中挖掘新材料、发现新问题、提出新观点、构建新理论，系统总结改革开放和社会主义现代化建设的实践经验，研究阐释治国理政新理念新思想新战略。《申报书》文本中前十位高频词中国、发展、国家、成果、创新、问题、实践、国际、特色、学术，也充分反映出这一特征和趋势。智库发挥理论创新功能的主要活动形式是学术成果的出版与发表、团队开展课题和项目研究，注重战略和政策研究及其应用，涉及的高频议题主要有社会、经济、治理、文化、哲学、制度、环境、人文、教育、评价等。

　　从"2021年中国智库理论创新特色案例"的经验来看，理论来源于实践，理论创新也必须建立在实践创新的基础之上，问题意识突出且科学理性的智库研究既能转化成咨政成果，也能推动基础理论研究的纵深化。主要做法有以下两类：

　　（1）直指西方主流社会科学研究无法解释的中国经验，不止步于就事论事和经验总结，而是寻求分析框架，开展纵深性和前瞻性研究。正如习近平总书记2020年8月24日在经济社会领域专家座谈会上讲到，新时代改革开放和社会主义现代化建设的丰富实践是理论和政策研究的"富矿"，我国经济社会领域理论工作者大有可为。[①] 面对西方现有理论体系无法容纳和解释的中国实践，中国学者更了解中国特色制度和治理的历史演化过程、难以被量化和察觉但关涉重大的政策变量、实践中的隐性知识和非正式关系、合理可信的数据等，因而具有比较优势。

　　（2）放眼全球对人类面临的共同课题提出中国学者的新创见，重视借鉴吸收全球的学术存量和容纳现有学术概念，在不同场景下

---

① 习近平：《在经济社会领域专家座谈会上的讲话》，人民出版社2020年版，第12页。

运用不同表述，使其理论创新更容易被更多的全球学者和学派接受和理解，从而促进国内国际学术界的相互理解和共同发展。

3. 舆论引导

两办《意见》对舆论引导作出了较为细致的说明，"着眼于壮大主流舆论、凝聚社会共识，发挥智库阐释党的理论、解读公共政策、研判社会舆情、引导社会热点、疏导公众情绪的积极作用""鼓励智库运用大众媒体等多种手段""研究无禁区、宣传有纪律"，即明确了中国特色新型智库发挥舆论引导功能的核心目的、主要领域、方式手段以及边界底线。

问卷调查结果中，16%的智库勾选"舆论引导"为自身优势和特色。尽管存在问卷勾选后未提交申报书的情况，在回收的621份《申报书》中，舆论引导指标《申报书》份数约占《申报书》总量的8%，覆盖11%的样本智库。

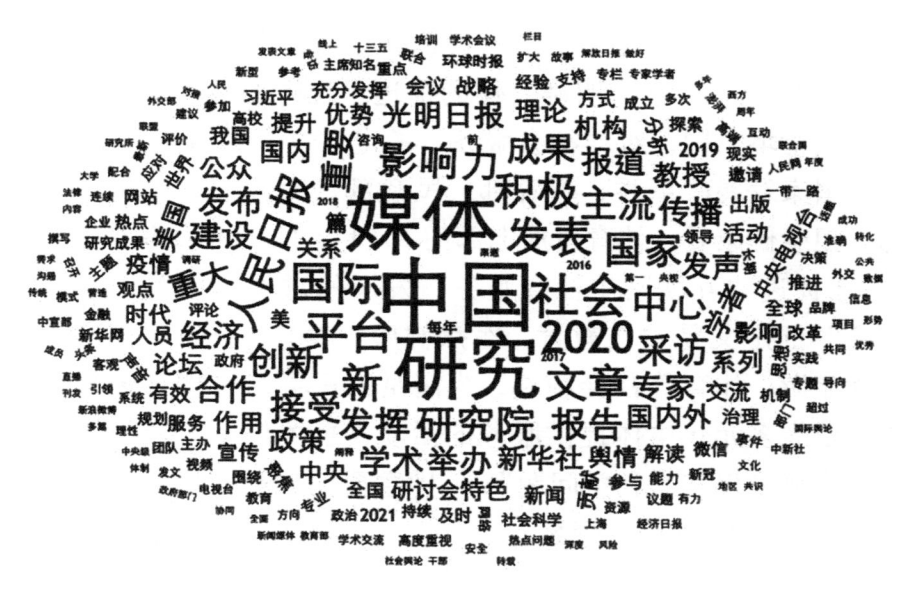

图3-3 舆论引导《申报书》高频词

资料来源：课题组制作。

从舆论引导《申报书》文本来看,"十三五"时期智库以其研究为基础、积极利用媒体平台发挥舆论引导功能,涉及的主流媒体包括《人民日报》、《光明日报》、新华社、中央广播电视总台、《环球时报》、人民网、《经济日报》、中新社、《解放日报》等,高频议题主要有中国、社会、国际、创新、经济、政策、美国、舆情、新冠肺炎疫情、全球治理,发挥舆论引导的方式主要有发表文章、接受采访、举办会议、宣传阐释等。

从"2021年中国智库舆论引导特色案例"的经验来看,智库基本都能够围绕热点议题直面回击、积极主动发声,运用主流平台引导国内公众舆论,其中少量能够有条件地在国际舆论场发声。特色案例智库引导国内外舆论主要涉及的议题包括中美关系、南海仲裁案及涉海问题、新冠肺炎疫情防控、涉疆、人权、人民币国际化等。

4. 社会服务

两办《意见》在提及中国特色新型智库的功能时,并没有对"社会服务"给出明确具体的描述。现行的各类文件中,由于使用情境不同,对"社会服务"的定义也不尽相同。

国家发展改革委、教育部、民政部、商务部、文化和旅游部、卫生健康委、体育总局七部门2019年12月6日联合发布的《关于促进"互联网+社会服务"发展的意见》中关于"社会服务"的定义是"在教育、医疗健康、养老、托育、家政、文化和旅游、体育等社会领域,为满足人民群众多层次多样化需求,依靠多元化主体提供服务的活动,事关广大人民群众最关心最直接最现实的利益问题",[①] 即主要明确社会服务活动和产品所广泛涉及的事业领域。

---

① 《七部门印发〈关于促进"互联网+社会服务"发展的意见〉》,2019年12月12日,中华人民共和国中央人民政府网站,http://www.gov.cn/xinwen/2019-12/12/content_ 5460638.htm。

2014年1月教育部印发的《中国特色新型高校智库建设推进计划》中对"社会服务"一词的使用如下,"……打造高校智库品牌,带动高校社会服务能力的整体提升。一是以学者为核心,支持和培养一批具有重要影响的高端智库人才和咨政研究团队。二是以机构建设为重点,培育建设一批具有集成优势的新型智库机构。三是以项目为抓手,改革科研项目管理,提高应用研究项目质量。四是以成果转化平台为基础,拓展转化渠道,搭建高端发布平台"。① 2020年3月教育部、财政部、国家发改委联合印发的《"双一流"建设成效评价办法(试行)》中明确"社会服务评价"包括"综合考察建设高校技术转移与成果转化的情况、服务国家重大战略和行业产业发展以及区域发展需求、围绕国民经济社会发展加强重点领域学科专业建设和急需人才培养、特色高端智库体系建设情况、成果转化效益以及参与国内外重要标准制订等方面的成效"。② 由此可见,在当前的政策情境下,对高校智库而言,社会服务可以笼统涵盖其在教学和研究之外的服务活动,包括一般认为的咨政建言功能。

王灵桂、侯波在《中国特色新型智库》一书中的定义最为严格,认为智库提供社会服务是指"智库接受政府部门之外的社会组织或企业等有关方面委托的咨询任务"。③

课题组综合考虑到社会服务一词在当前中国的多种应用情

---

① 《教育部关于印发〈中国特色新型高校智库建设推进计划〉的通知》,2014年2月12日,中华人民共和国教育部网站,http://www.moe.gov.cn/srcsite/A13/s7061/201402/t20140212_164598.html。

② 《教育部 财政部 国家发展改革委关于印发〈"双一流"建设成效评价办法(试行)〉的通知》,2021年3月23日,中华人民共和国教育部网站,http://www.moe.gov.cn/srcsite/A22/moe_843/202103/t20210323_521951.html。

③ 王灵桂、侯波:《中国特色新型智库:使命与路径》,中国社会科学出版社2021年版,第96页。

境，认为"社会服务"是指为满足人民群众在教育、医疗卫生、科技、文化、体育、养老等社会领域需求所提供的服务活动和产品，而智库的社会服务功能：一种是智库以其专业研究和资源平台直接成为某类社会服务活动和产品的提供者，另一种是围绕社会服务领域的问题开展公共政策研究、提供非营利性的决策咨询服务。

问卷调查结果中，39%的智库勾选"社会服务"为自身优势和特色。尽管存在问卷勾选后未提交《申报书》的情况，在回收的621份《申报书》中，舆论引导指标《申报书》份数约占《申报书》总量的18%，覆盖24%的样本智库。

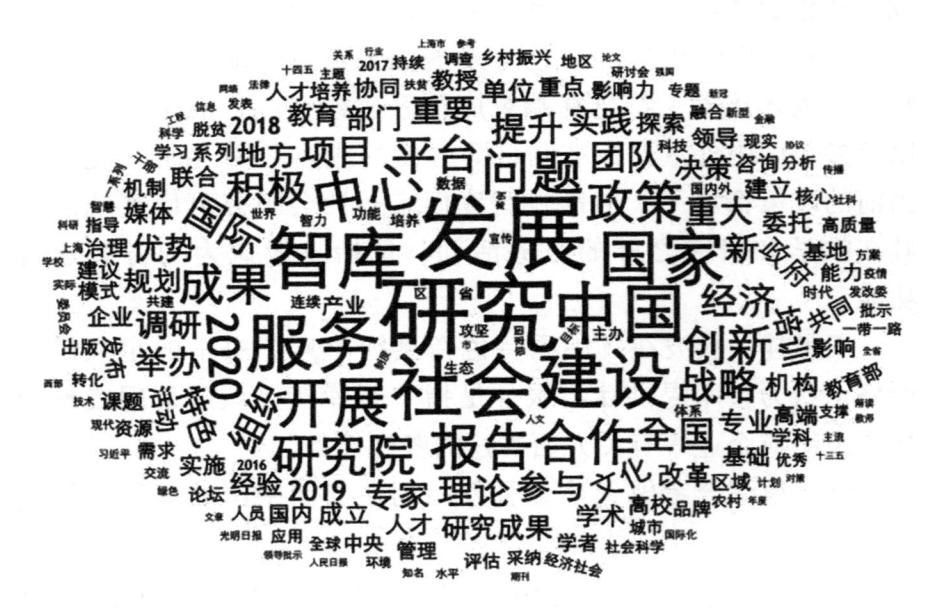

图3-4 社会服务《申报书》高频词

资料来源：课题组制作。

从社会服务《申报书》文本来看，"十三五"时期智库主要通过社会调研、专题培训、参与实践、编制规划、实行评估等方式发挥社会服务功能，涉及高频议题为社会、经济、文化、扶贫、教育、产业、农村、城市、生态、一带一路等。

从"2021年中国智库社会服务特色案例"的经验总结来看,智库通常基于自身研究领域和专业特色,综合运用多媒体手段,为社会公众提供服务,大多数案例是区域性、地方性的,特别是服务基层治理。少量智库的社会服务覆盖全国范围,甚至探索提供全球公共服务。

5. 公共外交

公共外交"通常由一国政府主导,借助各种传播和交流手段,向国外公众介绍本国国情和政策理念,向国内公众介绍本国外交方针政策及相关举措,旨在获取国内外公众的理解、认同和支持,争取民心民意,树立国家和政府的良好形象,营造有利的舆论环境,维护和促进国家根本利益"。[①] 其中,作为主导的政府常常发挥组织和推进作用,具体活动层面上仍以媒体、智库、学术机构、普通民众等为主。智库凭借与官方决策者的关联以及专业政策研究者的身份,在公共外交中发挥着独特而又重要的功能与作用,如两办《意见》所言,包括树立社会主义中国的良好形象、推动中华文化和当代中国价值观念走向世界、在国际舞台上发出中国声音,从而不断增强我国国际影响力和话语权。

问卷调查结果中,10%的智库勾选"公共外交"为自身优势和特色。尽管存在问卷勾选后未提交《申报书》的情况,在回收的621份《申报书》中,舆论引导指标《申报书》份数约占《申报书》总量的6%,覆盖8%的样本智库。

从公共外交《申报书》文本来看,"十三五"时期智库主要通过国际会议、论坛、项目等交流与合作活动、平台及机制来发挥公共外交功能,一方面更加注重搭建以我为主的平台发布

---

① 杨洁篪:《努力开拓中国特色公共外交新局面》,《求是》2011年第4期。

图 3-5　公共外交《申报书》高频词

资料来源：课题组制作。

研究成果和发表观点，更加娴熟地运用多媒体途径进行传播；另一方面在将国际机构及专家"引进来"的同时探索"走出去"，拓展建设国际活动空间、发声渠道和国际网络等。涉及高频议题主要有一带一路、社会、战略、政府、美国、经济、新冠肺炎疫情、文化、青年等。覆盖国别区域范围上，存量以美西方为主，增量在"一带一路"沿线国家、南南合作领域。

从"2021年中国智库公共外交特色案例"经验总结来看，智库主动服务重大外交活动，如配合国家领导人出国访问做好前期调研、沟通、舆情分析、舆论营造等工作，打造对外交流品牌，维系长期稳定的交流合作机制，积极参与国际学术组织和国际科学计划，深度参与全球治理研究和政策对话。

6. 内部治理创新

智库内部治理并非一个静态的智库组织架构图或制度文本，

而是关涉智库人才、经费、信息等资源的优化配置过程，影响着智库是否可以更有效率地整合不同的资源实现应有的功能。中国特色新型智库五大功能定位对智库自身的治理结构和运行模式的科学化、规范化、制度化提出了更高的要求，组织管理体制、研究体制、经费管理制度、成果评价和应用转化机制、人员绩效评价与激励机制、国际交流合作机制、其他专项或综合性改革均属于内部治理需要考量的范畴。

内部治理创新《申报书》回收份数总计132份，细分类别从高到低依次为国际交流合作机制改革、组织管理体制改革、研究体制改革、成果评价和应用转化机制改革、人员绩效评价与激励机制改革、其他专项或综合性改革、经费管理制度改革。

从"2021年中国智库内部治理创新特色案例"经验总结来看，智库主要在组织管理体制、国际交流合作机制、研究体制取得一定的改革经验与成效，这包括：（1）探索符合智库运行特点的治理结构和运行机制，建立智库理事会、学术委员会、"小机构—大网络"、团队协调机制等，理顺组织管理体制和决策议事机制以实现更灵活、更快速的反应。（2）国际交流合作机制方面坚持"请进来"和"走出去"相结合，通过项目合作、学术研讨、人员往来等多种方式，深化中外智库交流，与国外知名智库建立机制化合作关系，努力提升参与重大国际议程设置、国际规则制定、国际协商谈判的能力和水平。（3）以研究能力为核心全面提升智库建设质量，从决策咨询供需对接、课题立项、项目管理和平台运营，到问题建构、研究方法和论证过程，再到调研数据和信息化保障等，强化对智库研究的全过程管理，建设更符合决策咨询规律的研究体制。

（四）特色案例评选的实践价值

1. 对评价而言，"以评促建"，不止于"量"、更关注"质"

"十三五"时期，智库评价与智库建设同步蓬勃发展，各界普遍认识到热衷排名的评价不利于中国特色新型智库体系建设，简单化、同质化、内卷化的评价方法也不利于智库提质增效。课题组在问卷调查数据基础上，不止于"量"、更关注"质"，聚焦智库建设实践，增设特色案例评选，将"中国智库综合评价AMI指标体系"应用到特色案例评选和分析研判中，更加清晰地看到中国特色新型智库迈向高质量发展阶段所面临的突出问题。

在咨政建言方面，"唯批示论"的倾向值得警惕。相关智库成果和活动常常具有涉密性，加之"内部文件看不到，最新信息听不到，权威数据得不到，评价反馈拿不到"的"四不"问题的普遍存在，智库成果质量管理、转化应用评估比较难以开展，实情更难为外界所掌握。在理论创新方面，基于现有政策的阐释性文章多，原创性、思想性研究有待加强，研究方法、政策分析工具和技术手段创新不足。在舆论引导方面，智库以研究为基础发声的优势与特色尚不突出，存在智库媒体化的倾向，另外在新媒体平台"追流量、博眼球"的情况还不时发生。在社会服务方面，由于不同情境下对社会服务界定与理解的不一致，存在"指挥棒"带来智库发展定位不清晰，甚至走偏的可能。在公共外交方面，投入和产出比较清晰，而如何真正衡量公共外交的效果和收益仍较含混。在内部治理创新方面，尽管各界近来越发意识到成果评价和应用转化、人员绩效评价与激励、经费管理等工作对于释放智库活力的重要性，但是受所处的制度环境和结构性因素的影响，改革步调相对较慢、突破性创新较少。

2. 对智库而言，找准自身定位，在合适的坐标系下借鉴学习

入选的特色案例远非"大而全"，也并非批示层级最高、文章引用率最高、媒体曝光度最高等"单项冠军"，而是在不同特色指标下对智库案例吸引力、管理力、影响力的综合考量结果，这也在中国智库特色案例汇编的文本结构与叙述中得到了充分体现。

我们期盼智库能够跳出"雾里看花、水中望月"的失真与错觉，以接近"解剖麻雀"的方式近距离观察样本智库，看到入选案例如何结合智库类型、研究方向、地域区位等资源禀赋，找准定位、扬长避短，运用科学适宜的管理方法和运营方式，根据不同智库功能的内涵及特性开展智库活动、践行智库功能、发挥智库影响，或者是针对不同的体制机制堵点和问题进行合理可行的改革创新，进而将自身放置于恰当的坐标系内，对其他智库的相关经验做法去粗取精、举一反三，创新性地运用到自身智库建设与发展的实践中。

3. 对智库共同体而言，理清基本认识，构建良好的智库生态

课题组综合国内外现有文献研究、国内各类智库建设文件以及中国智库实践，明确提出了中国特色新型智库"咨政建言、理论创新、舆论引导、社会服务、公共外交"五大功能和内部治理创新的内涵及外延，构建了相应的评价指标体系和评价方案并应用于智库特色案例评选。在前述对特色案例整体概况呈现的基础上，课题组同获评入选智库多次沟通完善案例文本，使之更具针对性、鲜明性、实践性和可读性，且严格符合保密和版权规定，最终收录至本报告附录三中国智库特色案例汇编。

特色案例评选及相关研究报告为智库共同体理清相关基本概念认知、客观理解智库功能发挥和内部治理创新的机制做法、深化智库理论研究提供坚实的基础，为智库从业者、评价方、管理方、用户方以及相关决策部门等提供有益参考，从而真正发挥"过滤网""助推器""实践指南"的作用，推动构建良好的智库发展与智库研究生态。

四 "十四五"时期中国智库建设展望

"十三五"时期是我国全面建成小康社会决胜阶段。面对错综复杂的国际形势、艰巨繁重的国内改革发展稳定任务,以习近平同志为核心的党中央不忘初心、牢记使命,团结带领全党全国各族人民坚定不移贯彻新发展理念,推动高质量发展,我国的经济实力、科技实力、综合国力和人民生活水平实现了新跨越。相较于取得辉煌成就的"十三五"时期,"十四五"时期享有四十多年改革开放和经济增长的红利,也经历百年未有之大变局和世纪疫情带来的挑战。2020年10月,党的十九届五中全会提出,"十四五"时期经济社会发展要以推动高质量发展为主题。推动高质量发展是做好当前和今后一个时期经济社会发展工作的根本要求,也将是"十四五"时期智库建设的努力方向和根本遵循。智库以高质量的智库成果为经济社会高质量发展贡献智力支持,切实履行好党和政府"思想库"和"智囊团"的使命担当。

(一)"十四五"时期中国智库研究取向

"十四五"时期,中国经济社会发展的主题是推动高质量发展,这也将是新时代中国特色新型智库建设的努力方向和根本遵循。作为党和政府的"思想库"和"智囊团",中国各类智库自觉对标高质量发展要求，坚持新发展理念，增强发展的紧迫感和任务感，积极谋划和探索，在智库研究内容和智库自身建设上下功夫，为党和国家的建设提供智力支持，确保"十四五"时期中国特色新型智库建设开好局、迈好步。

1. 智库关注选题

习近平总书记在中国共产党第十九次全国代表大会上的报告中指出，中国特色社会主义进入新时代。新时代催生新思想，新时代孕育新征程。作为国家治理体系和治理能力现代化的重要内容及"软实力"和"话语权"的重要源泉，中国特色新型智库肩负着传播公共知识的重要使命，发挥咨政建言和舆论引导功能，助力社会服务和公共外交，推动理论创新。2021年，中国共产党迎来百年诞辰，"十四五"规划开始实施，我国踏上了全面建设社会主义现代化国家新征程。在新征程的起点上，中国特色新型智库也积极探索，在以习近平同志为核心的党中央统筹领导下，应对世界百年未有之大变局，为中华民族伟大复兴战略和迈向第二个百年奋斗目标积极建言献策、添砖加瓦。推动中国特色新型智库高质量发展，不仅是推动"十四五"时期高质量发展的题中应有之义，更是学术界、知识界贯彻新发展理念，加快构建新发展格局的重要实践。站在开启新发展阶段的十字路口，中国各类型智库以新发展理念为指引，以构建新发展格局为路径，于变局中开新局，提前进行战略部署，实现新时代的高质量发展。

课题组根据《中华人民共和国国民经济和社会发展第十四个五年规划和2035年远景目标纲要》（以下简称"《纲要》"）设计了"十四五"时期智库重点关注的研究选题，基本沿用了《纲要》文本的十九个篇章，在2021年问卷中预设了19项重点关注选题。各智库在作答时不受限制，可以选择一个或多个研究选题。问卷回收后，剔除无效反馈，课题组最终获得451份有效问卷。经过加工整理，有如下发现（见表4-1）。

第一，"高水平对外开放、'一带一路'建设与构建人类命运共同体"和"创新驱动与高质量发展"成为最热门的两大选题。这两个主题均获得超过一半以上样本智库的关注，选择这两个选题的智库数量占样本智库总数的比重分别为55%和54%。其一，随着"一带一路"建设项目在世界各个地区逐步落地开花并取得了丰富的早期收获，坚持更大范围、更宽领域、更深层次对外开放，促进国际合作实现互利共赢成为"十四五"时期推动"一带一路"高质量发展的新理念，获得了更多智库的关注。下一阶段以高水平对外开放引领的"一带一路"建设也将成为未来构建人类命运共同体坚实的基础。其二，以创新驱动引领高质量发展将成为下一个五年中智库研究的重点。当前，全球大国博弈竞争加剧，中国被"卡脖子"的难题仍未解开，尤其是高端数控机床、芯片、光刻机、操作系统、医疗器械等严重依赖进口，中国制造业这些领域取得突破变得迫在眉睫。智库应该通过加强基础理论研究和应用对策研究的结合，寻求创新驱动的基础、条件和方案，为高质量发展注入澎湃动能。

第二，"两岸关系和平发展和祖国统一"和"国防和军队现代化建设"受到样本智库的关注度最低，分别为9%和4%。这一结果可能与样本智库类型和研究路径有关。2021年项目样本智库类型按照综合性智库、专业性智库（含部委所属专业性智库和高校智库）、社会智库和企业智库四大类统计，其中以高校智库的数量最多。无论是"两岸关系和平发展和祖国统一"还是"国防和军队现代化建设"，均是具有一定特殊性的研究选题，往往还存在一定的涉密性，因此专门从事这两个领域的智库数量少，能反馈数据参与评价的样本智库数量更少。出成果难、特殊性、涉密性决定了这一领域的智库一定是小众的，需要利用战略性布局，确保不存在"关注盲点"。

第三，样本智库在"十四五"时期重点研究选题中，对"'双循环'战略与新发展格局构建""社会主义现代化国家建设""优化区域经济布局与促进区域协调发展""中国特色社会主义乡村振兴建设与农业农村现代化""数字化发展、数字中国建设"等选题的关注度较高。而且在智库类型、研究重点和"十四五"时期研究重点的匹配方面，样本智库在一定程度上保证了研究的连贯性，有利于夯实研究基础、厚积薄发。

表4-1　　样本智库"十四五"时期重点研究选题及其占比

研究选题	占比（%）
高水平对外开放、"一带一路"建设与构建人类命运共同体	55
创新驱动与高质量发展	54
数字化发展、数字中国建设	46
"双循环"战略与新发展格局构建	45
优化区域经济布局与促进区域协调发展	43
国家安全战略与各种风险的防范和化解	40
中国特色社会主义乡村振兴建设与农业农村现代化	38
社会主义现代化国家建设	37
教育、健康、人口与促进人的全面发展	34
构建生态文明体系与推动经济社会发展全面绿色转型	34
发展现代产业体系与强化实体经济根基	33
中国特色新型城镇化建设与城市生活品质提升	28
推进社会主义文化强国建设	27
民生福祉建设与构建基层社会治理新格局	25
全面深化改革与构建高水平社会主义市场经济体制	24
社会主义民主法治建设和国家监督制度的完善	17
党的全面领导与规划实施保障机制建设	15
两岸关系和平发展和祖国统一	9
国防和军队现代化建设	4

资料来源：课题组收集并整理。

2. 智库研究现状

中国特色新型智库建设强调智库具备自身的研究方法、研究逻辑和研究范式。中国特色新型智库应该在话语体系、研究取向和发展规律上做文章，在科学、民主、法治三条标准的约束下围绕智库的五大功能开展研究，提高研究能力。在新时代高质量发展的大背景下，中国特色新型智库的研究进路也开始出现从"建智库"到"用智库"的转变。

（1）研究选题

习近平总书记高度重视新型智库建设，强调新型智库建设在治国理政中的重要作用。两办《意见》明确指出，"必须从党和国家事业发展全局的战略高度，把中国特色新型智库建设作为一项重大而紧迫的任务，采取有力措施，切实抓紧抓好"。

课题组利用 MAXQDA 软件中的可视化工具对样本智库"十四五"时期重点关注研究选题的问卷统计结果进行了词云分析，结果如图 4-1 所示。综合来看，展望"十四五"时期，按照中国特色社会主义事业的"五位一体"总体布局，样本智库的研究重点涵盖了经济建设、政治建设、文化建设、社会建设、生态文明建设五个部分，其中又以经济建设和社会建设的热度最高。经济建设的重点关键词包括产业集聚、金融科技、区域经济、数字经济、宏观经济、"一带一路"等；政治建设的重点关键词包括国家治理、习近平新时代中国特色社会主义思想、政治学、政府治理等；文化建设的重点关键词包括文化、人文交流、媒体融合等；社会建设的重点关键词包括社会政策、社会治理、收入分配、教育改革等；生态文明建设的重点关键词包括生态文明、碳中和、绿色发展等。

尽管可以按照中国特色社会主义建设的"五位一体"布局对智库研究重点进行分类，但事实上，智库研究选题不是独立

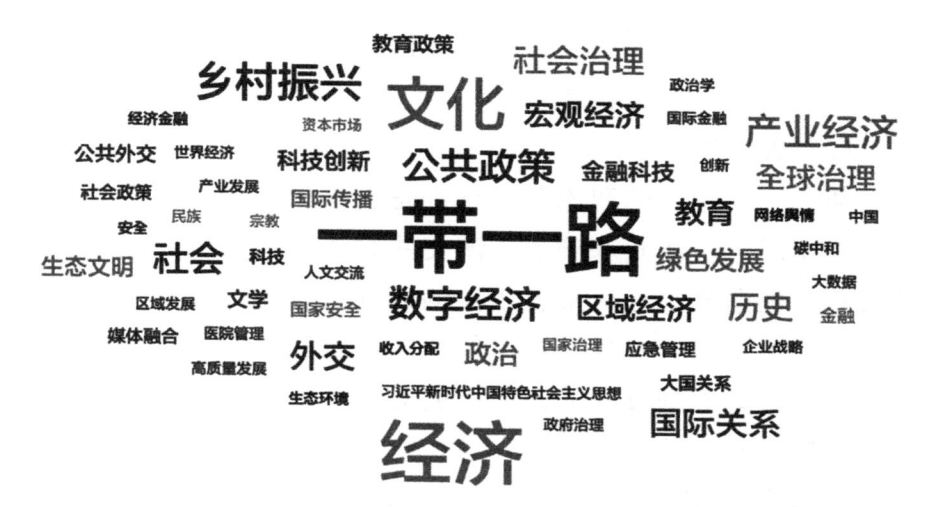

图 4-1 样本智库研究重点词云图

资料来源：课题组制作。

的，而是一种复合型存在。以绝大多数智库关注的主题——"一带一路"为例，随着"一带一路"建设、人类命运共同体、共商共建共享原则写进联合国决议，推动构建人类命运共同体、遵循共商共建共享原则、推进"一带一路"建设等内容写入党章，有超过一半以上的智库将高水平对外开放、"一带一路"建设与构建人类命运共同体作为未来五年的研究重点。"一带一路"的内容包含"五通"，即政策沟通、设施联通、贸易畅通、资金融通、民心相通，这五项内容涵盖政治、经济、社会、文化和生态文明五个领域，体现了中国特色社会主义现代化建设的方方面面，是一个综合选题，自然是智库关注的重点，这也是中国对外交往中最重要的内容之一。

当前的智库建设应该重点实现智库自身研究的持续性和专业性，扬长避短，扎实培养核心研究能力。智库需要从自身研究兴趣和专业特长出发，选择符合自身能力并匹配自身研究领域的研究方向，并把其作为深耕对象，持之以恒。如果智库的研究工作经常在政治、经济、文化、社会等多个领域频繁切换，或无序扩张，而智库和智库人才自身又缺乏相应的学科知识做支撑，在学科细分的当下，生有涯而知无涯，研究工作很可能会浮于表面，终难成一家之言。

（2）研究重点

两办《意见》的智库分类标准是智库依托单位或者智库自身的单位属性。在此基础上，该文件对各类智库建设提出了明确要求。根据智库与决策者距离的远近，各类智库形成一个圈层结构，不同圈层的智库在定位的侧重点和研究重点上应该有所不同。智库不是万能的，不可能对所有问题都擅长，智库建设应坚持专业化发展模式。

智库评价的宗旨是"以评促建、以评促改"。在研究对象和研究内容方面，体现为各个智库应该基于自身类型找准定位，从实际出发，选取适宜的主题和适当的服务对象更好地发挥智库功能。正是基于这样的智库评价和智库建设逻辑，2021年项目根据样本智库在"十四五"时期重点关注的研究选题回溯其自身的研究重点，在每个研究选题项下选取智库自身研究重点的关键词进行分析。本报告仅选取两个热度最高和一个热度最低的研究选题进行举例分析。

第一，高水平对外开放、"一带一路"建设与构建人类命运共同体。根据样本智库数据，90%的国家高端智库都将"高水平对外开放、'一带一路'建设与构建人类命运共同体"列为其在"十四五"时期的重点关注研究选题。其余智库类型中，选取这一主题的高校智库占其样本总量的60%以上，企业智库和社会智库对这一主题的关注度则相对较低。结合关注这一主题的样本智库的研究重点并选取关键词进行分析发现，这些智库的研究方向以经济发展、政策研究、文化教育为主，体现出较高的一致性。具体来看，计划在"十四五"时期重点关注"高水平对外开放、'一带一路'建设与构建人类命运共同体"的智库多为综合性、专业性和研究型智库，经济和发展是两大主线，高水平对外开放和"一带一路"建设都是推动经济发展的手段，而构建人类命运共同体则是未来各项工作的集中归宿。国内问题和国际问题都是这些智库的研究重点，而在其他领域受关注度普遍较低的文化和教育等关键词也出现在这一组合中，说明随着"一带一路"建设向纵深推进，其外延和内涵分别得到了延展和深化。

第二，创新驱动与高质量发展。2017年，中国共产党第十九次全国代表大会的相关表述中首次出现"高质量发展"，标志着中国经济由高速增长阶段转向高质量发展阶段。高质量发展的根本在于经济的活力、创新力和竞争力。在"逆全球化"浪潮、中美关系紧张、"卡脖子"问题突出并亟待解决之际，中国特色新型智库积极探索，在创新驱动上下功夫，为高质量发展出谋划策。样本智库数据显示，所有类型的智库对"创新驱动与高质量发展"都给予一定的关注，其中，国家高端智库选择这一选题的比重占其样本总数的70%。具体到选择这一研究选题的样本智库自身研究重点可以发现，同研究选题包括"高水平对外开放、'一带一路'建设与构建人类命运共同体"智库的研究重点相比较，前11个关键词中有7个重合，这说明无论是对外开放与"一带一路"建设还是国内利用创新驱动实现高质量发展，智库的研究重点相似度高，在智库研究的选题方面"不发散"并有效地保证了连续性。

第三，国防和军队现代化建设。2015年11月，习近平主席在中央军委改革工作会议发出深化国防和军队改革的行动号令——全面实施改革强军战略，坚定不移走中国特色强军之路。在此基础上，我军开始了历史上力度、深度和广度空前的整体性变革，解决政策性问题。由于该选题具有特殊性，在全部19个重点选题中获得的关注度最少。例如，国家高端智库关注这一选题的只占其样本总数的10%，而涉及该领域的其他专业性智库数量也不多。在所有选择这一选题的样本智库中，其研究重点多聚焦于统筹发展和安全、富国和强军，重点布局发展战略和数据库建设，关注海洋和南海问题，发出时代最强音，捍卫祖国边疆安全。

（3）研究特性

研究范式（paradigm）指一整套假设、概念、研究中的价值观（共识）和实践，体现其整体性和体系性。伴随着中国特色新型智库建设，"智库学"的概念也应运而生。[①] 第一波"智库热"，中国基本跨越了"建智库"阶段。中国智库类型丰富，智库禀赋及在此之上的智库发展水平参差不齐，有必要从地域上、圈层结构上、时间先后上进行个性化调适，建立差序化的智库发展格局。

自中国特色新型智库建设热潮启动以来，智库工作、研究主题和智库成果均体现出"短平快"的特点，系统且深入的研究相对缺乏，对基础理论和国外前沿学术信息的跟踪不够。2021年项目并不聚焦于特定智库自身的研究方法使用，而是从中国智库建设全局出发，从发展路径着手，以培育新型智库中长期研究环境为目标，探索智库研究范式的演化。

第一，智库分布和智库研究之间具有地域性特征，从事智库研究需找准自身定位。根据2021年项目的数据以及课题组的实地调研，中国的智库在区位优势、服务对象和研究内容的匹配上还存在一些"错配"，结果是智库研究成果难以达到最大化的效能。例如，来自不同地域、不同领域的智库专家所掌握的信息存在差异，因此在服务不同层级决策部门时的能力供给也会有所不同，一旦出现供需错配，其智库成果的有效性就会受到影响。再如，厦门市研究台海问题的智库、大湾区研究港澳问题的智库、云南省研究东盟问题的智库，这些智库都具备先天地理上的区位优势，比较有利于获取资料并产生洞见，其服

---

① 程宏、刘志光：《智库、智库学与智库文化》，《智库理论与实践》2016年第3期。

务的对象更为具体,研究内容更为聚焦。

第二,智库层级具有圈层结构性特征,从事智库研究需明确圈层位置。智库存在能级档次之分,智库的级别与服务的对象密切相关。不同层级的智库专家所掌握的材料、具备的视野有所不同。例如,国家高端智库把服务中央决策作为根本定位,集中资源提升政策决策服务的能力、质量和水平。再如,地方智库的身份由其机构属性、体制性质和独特职能定位决定,让其为中央服务就会觉得吃力。[①] 事实上,地方智库的学理性基础以地方知识为主,其在长期对地方实践的跟踪性研究中形成了具有地方独特视野的分析框架,能够以独立研究的方式为地方政府及其决策机构提供创新性和前瞻性的决策研究服务。但是,课题组在调研中发现,个别地方智库在战略规划上超越自身圈层,有"向上看"的倾向,结果就是其智库产品供给能力跟不上来自需求方的取向,对地方政策的跟踪不强,对公众的反应和社会效果关注度低。地方智库同地方政府的地理范围最近,且更易获得地方实际情况,具有支撑地方发展决策的先天优势,更应该以各地的现实问题为研究导向,而非盲目"追热点"。当然,也应当看到,由于特殊的议题属性和区位优势,一些位于地方的智库也能积极有效地为中央服务。

第三,智库咨政具有时间性特征,智库介入的时点不同会产生不同的咨政效果。智库产品是一种知识的形成过程,遵循从发现问题到研究问题,再到解决问题的逻辑顺序,不同智库介入这一链条当中的时机不同,产生的效果也会不同。对于决策者而言,知识提供者必须在决策者对知识需求的有效时间内提供合适的知识,这就是智库产品高时效性特征的逻辑基础。在理想的情况下,智库全流程参与决策,提供全局性、多角度、

[①] 刘西忠:《新型智库质量提升与国家治理现代化》,江苏人民出版社2021年版,第35页。

立体式的决策参考。但是，随着决策过程的分权化程度日益提高，具备不同研究能力和研究视野的智库参与决策的早晚也有所不同。以样本智库"十四五"时期自选研究重点排序第一位的"一带一路"倡议为例。该倡议自2013年提出以来，短短八年时间已经从"大写意"落到"工笔画"阶段，取得了"实打实、沉甸甸"的成果。① 这意味着关于"一带一路"的研究已经从决策的前端推进到后端，与之相应，智库关于"一带一路"的研究也应该从早期的可行性论证进入到以动态参与和跟进为主，而解决问题和风险防范与评估则更为重要。此时，智库如果没有前期研究基础，一味"跟风"投入精力，恐难以得到所期望的结果。

综上所述，智库应该根据自身的性质和能力找准定位，在时空和圈层上实现与需求方的精准对接，摆脱"唯批示论"的不良风气，以系统且持续的研究切实助力科学、民主、依法决策。

（二）"十四五"时期智库自身建设规划

党的十八大以来，中央高位引领带动中国的智库向"中国特色"和"新型"两个方向发展，智库迎来黄金发展期。"十三五"时期，在大目标明确的情况下，智库建设制定了清晰的阶段性目标，解决了很多突出问题。智库在发挥五大功能的同时，意识到了智库内部治理的重要性、紧迫性和必要性，意识到内部治理对智库功能发挥的限制性作用，并且开始从内部改革入手，促进自身建设，更好地发挥智库功能。在"十四五"开局之际，中国的智库同时从内部治理和功能发挥两个方向着

---

① 《时政新闻眼｜第三次召开"一带一路"建设座谈会，习近平作出这个重要论断》，2021年11月20日，新华网，http://www.xinhuanet.com/politics/leaders/xijinping/index.htm。

手，积极推进中国特色新型智库建设。

1. 智库重点规划

在调查问卷中，课题组请各个智库根据特色指标①列出了"十四五"时期智库在自身建设方面的重点规划，包括智库功能发挥和内部治理创新两大主题（共12项）。在此基础上，课题组结合样本智库提交的《申报书》（即"十三五"时期发展成就）进行对比分析。在2021年问卷中，智库在"十四五"时期的建设重点最多可以填写六项内容，可参考特色指标，也可自定义填写。根据问卷反馈结果，在451家样本智库中，有61家（占比13.59%）填写了六项今后重点建设的方向。造成这一结果的原因可能是智库对此次调研的关注度不高，也可能是智库的长短期规划不足。在对问卷结果进行分析后，课题组有如下发现：

第一，回顾"十三五"，展望"十四五"，反馈问卷的样本智库对自身建设关注的排序基本保持一致。其中，"国际交流合作机制改革"是样本智库规划在"十四五"时期重点建设的方面，而反馈已规划了"经费管理制度改革"的样本智库最少。基于样本智库的反馈，当前智库在经费管理制度改革上可能遇到了较大的阻力。

第二，展望"十四五"，反馈问卷的样本智库更希望在"功能发挥"上取得突破。相较于内部治理创新（体制机制改革），样本智库在自身建设方面更加关注智库功能的发挥，希望通过发挥各项智库功能塑造智库品牌。在全部451家样本智库中，有268家智库的自身建设规划不涉及内部治理创新，占比为59.69%；而不涉及

---

① 2021年问卷中的特色指标包括两个部分，第一类是智库五大功能，包括咨政建言、理论创新、舆论引导、社会服务和公共外交；第二类是智库内部治理创新，有组织管理体制改革、研究体制改革、经费管理制度改革、成果评价和应用转化机制改革、人员绩效评价与激励机制改革、国际交流合作机制改革、其他专项或综合性改革。

智库功能发挥的样本智库有 140 家，占比为 31.18%。

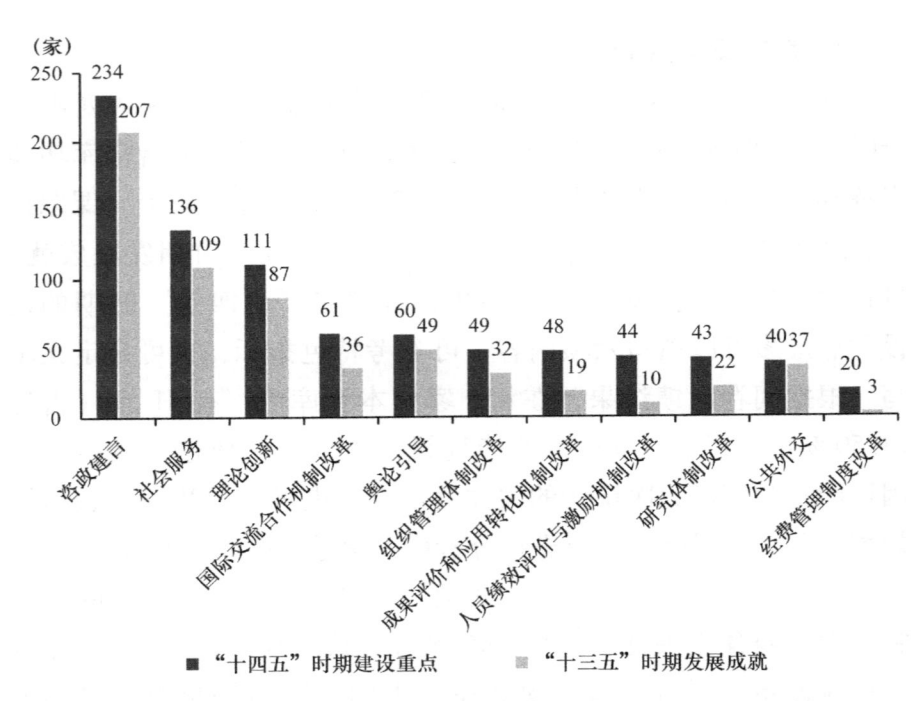

图 4-2 "十四五"时期样本智库自身建设重点规划

资料来源：课题组制作。

第三，展望"十四五"，反馈问卷的样本智库对于各项智库功能的建设和发挥，以及内部治理涉及的不同机制的关注度存在差异。在智库五大功能中，咨政建言、社会服务和理论创新受到样本智库的关注最多；而在内部治理创新（体制机制改革）方面，国际交流合作机制是样本智库最希望推进改革的领域。

第四，展望"十四五"，反馈问卷的样本智库对自身建设的规划内容丰富程度有待提高。根据课题组的统计，451 家样本智库中，只有 61 家智库填满了调查问卷中预留的 6 个空格，占样本总数的 13.59%。

2. 智库内部治理创新

智库的运行机制是引导和制约智库人、财、物等要素的基本准则与相应制度。缺乏高效的运行机制，再优秀的要素资源也无法转化为智库的胜任力。[①] 智库自身运营水平和研究能力同等重要。特别是在面对外部环境的影响时，运营水平就体现了智库适应环境、改造环境的能力。对于以咨政建言为核心功能的智库来说，需要从内部治理创新入手，创新内部治理模式和内部运行机制，实现中国特色新型智库建设的发展优化之路。这不仅是释放智库自身内生动力的路径，也是中央对智库建设提出"出成果、建机制"六字指导方针的题中应有之义。两办《意见》指出，要建立一套具备完善治理模式、自身充满活力、监管科学有力的智库内部管理体制和运营机制，遵循智库发展规律，依照行政管理体制改革和事业单位分类改革要求，推进不同类型智库管理体制改革。在这一过程中，智库能动性与创新性的充分释放，决定着新型智库的自我重塑。

正是基于这样的考虑，2021年问卷对"十四五"时期智库自身建设重点规划作出了设问。从问卷反馈数据来看，"国际交流合作机制改革"是样本智库最希望在"十四五"时期获得突破的内容，在样本智库中有61家选择了该项，占比为13.5%。选取"组织管理体制改革"和"成果评价和应用转化机制改革"作为"十四五"时期智库建设重点的样本智库分别有49家和48家，占样本智库总数的10.9%和10.6%。基于"十三五"时期"经费管理制度改革"方面的建设实践提交了《申报书》的样本智库为3家，与之对应，有20家样

[①] 周湘智：《中国特色新型智库现代运行机制的构建》，《河南社会科学》2017年第3期。

本智库计划在"十四五"时期推进经费管理制度改革。基于样本智库的反馈，当前智库发展中面临的最大的体制机制问题仍然是经费的使用和经费的管理。

3. 智库功能发挥

中国特色新型智库是党和政府科学民主依法决策的重要支撑，是国家治理体系和治理能力现代化的重要内容，是国家软实力的重要组成部分。两办《意见》指出，要积极推进不同类型、不同性质智库分类改革，科学界定各类智库的功能定位，要充分发挥中国特色新型智库咨政建言、理论创新、舆论引导、社会服务、公共外交等重要功能。

根据问卷数据的统计结果，样本智库在"十四五"时期自身建设重点规划"智库功能"板块中，对各项智库功能的关注度从高到低依次为咨政建言、社会服务、理论创新、舆论引导和公共外交。这和样本智库在"十三五"时期取得建设成就提交《申报书》的领域选取聚集度排序保持一致。此外，在智库功能发挥上，2021年项目还有两点发现：其一，不同类型智库对功能发挥的侧重有所区别。根据两办《意见》，智库需要在研究领域和功能定位上形成自己的特色。例如，同样是咨政建言，国家高端智库多从国家战略层面出发，视野更宏观，站位更高；地方智库则多从贯彻落实层面入手，内容更具体，更接地气。其二，不同类型智库在同一功能的发挥层面也有差异。虽然五大功能的均衡发挥是智库的普遍追求，但不同类型、不同属性的智库在功能发挥的效果上会存在差异。例如，国际问题研究智库在对外交流和公共外交方面更具优势。再如，同样研究国际问题的智库，官方或半官方的智库同社会智库相比，在国际交往中的独立性因其机构属性而有所不同。

（三）"十四五"时期智库建设展望

"十四五"时期是我国全面建成小康社会、实现第一个百年奋斗目标之后，乘势而上开启全面建设社会主义现代化国家新征程、向第二个百年奋斗目标进军的第一个五年。站在"两个一百年"奋斗目标的历史交汇点上，作为五年规划，"十四五"规划承前启后，具有重大意义。我国进入新发展阶段后，发展基础更加坚实，发展条件深刻变化，进一步发展面临新的机遇和挑战。作为国家软实力的重要组成部分，中国特色新型智库建设取得了明显成效，智库在"十四五"规划中的重要性凸显出来，未来一段时期智库建设的重点和方向也自然明晰起来。

1. "十四五"规划中的智库因素

2004年，《中共中央关于进一步繁荣发展哲学社会科学的意见》提出，要使哲学社会科学界成为党和政府工作的"思想库"和"智囊团"。2007年，党的十七大报告提出，"繁荣发展哲学社会科学，推进学科体系、学术观点、科研方法创新，鼓励哲学社会科学界为党和人民事业发展发挥思想库作用，推动我国哲学社会科学优秀成果和优秀人才走向世界"。[1] 2013年11月，党的十八届三中全会提出"加强中国特色新型智库建设，建立健全决策咨询制度"。2015年年初，两办《意见》印发，年底推出首批国家高端智库建设试点单位，中国智库建设步入快速发展阶段，[2] 中国也进入"十三五"时期。"十三五"时期，在

---

[1] 胡锦涛：《高举中国特色社会主义伟大旗帜 为夺取全面建设小康社会新胜利而奋斗——在中国共产党第十七次全国代表大会上的报告》，人民出版社2007年版。

[2] 周湘智：《中国智库建设行动逻辑》，社会科学文献出版社2019年版，第31页。

两办《意见》的明确指引下，中国智库建设取得了巨大的成就，百花齐放，智库类型不断丰富、数量不断增加，中国智库建设的"四梁八柱"已初步构建成型。①

《纲要》明确提出了"构建中国特色哲学社会科学学科体系、学术体系和话语体系，深入实施哲学社会科学创新工程，加强中国特色新型智库建设"，智库已经成为中国未来一段时期经济社会发展的重要内容之一。2022年4月27日，中共中央办公厅印发《国家"十四五"时期哲学社会科学发展规划》，围绕贯彻落实党中央提出的加快构建中国特色哲学社会科学的战略任务，对"十四五"时期哲学社会科学发展作出总体性规划。在习近平新时代中国特色社会主义思想的指导下，哲学社会科学工作以提升学术原创能力为主线，以加强学科体系、学术体系、话语体系建设为支撑，以体制机制改革创新为动力，努力建设学科布局优、学术根基牢、科研水平高、服务能力强、国际影响大的中国特色哲学社会科学，为全面建设社会主义现代化国家提供有力思想和智力支持。②

具体到中国特色新型智库建设，《国家"十四五"时期哲学社会科学发展规划》要求着力打造一批具有重要决策影响力、社会影响力、国际影响力的新型智库，为推动科学民主依法决策、推进国家治理体系和治理能力现代化、推动经济社会高质量发展、提升国家软实力提供支撑。为了实现这一目标，需要处理好研究、人才、体制、机制、评价等多方面的内容。首先，基础研究是智库成果的强根之基。建立健全符合科学规律的评价体系和激励机制，对基础研究探索实行长周期评价，创造有

---

① 荆林波：《构建"四梁八柱"推进智库建设》，《经济日报》2017年12月1日第15版。
② 《中共中央办公厅印发〈国家"十四五"时期哲学社会科学发展规划〉》，2022年4月27日，全国哲学社会科学工作办公室网站，http://www.nopss.gov.cn/n1/2022/0427/c432288-32410485.html。

利于基础研究的良好科研生态。其次,智库人才是有效发挥智库功能的不竭动力。完善人才评价和激励机制,健全以创新能力、质量、实效、贡献为导向的科技人才评价体系,构建充分体现知识、技术等创新要素价值的收益分配机制。再次,深化体制机制改革是提升智库能力的内部动力。匹配好智库研究与社会实践高效互动的决策咨询服务供给体系,理顺科研与科辅之间的关系,做到以管理促改革、以合作出成果。最后,智库评价将成为智库高质量发展的指挥棒。构建适应高质量发展要求的内生激励机制,健全激励导向的绩效评价考核机制和尽职免责机制,调动智库和智库要素的积极性、主动性、创造性。

2. 新时代智库建设的价值发挥

社会大变革的时代,一定是哲学社会科学大发展的时代。智库是国家公共决策的参与者和政府战略预测的提供者。建设中国特色新型智库是服务党和政府科学民主决策、破解发展难题的迫切需要,对于坚持和发展中国特色社会主义、提升国家软实力、全面建成小康社会具有重要意义。[①] 中华民族伟大复兴的历史进程充满机遇与挑战,智库日益成为现代国家治理体系的重要组成部分。党的十八大以来,以习近平同志为核心的党中央高度重视智库建设,把智库建设提升到国家战略的高度。2015年两办《意见》从对外交流的维度赋予了智库新的任务,即加强对外传播能力和话语体系建设,提升国际竞争力和国际影响力。作为连接思想、知识和政策三者的重要桥梁,智库在影响政策走向、引导舆论、处理现实矛盾等方面具有不可替代的影响,日益成为公共组织和社会大众之间的纽带。

"十四五"时期和国家2035中长期远景规划的开局阶段即

---

① 中共中央宣传部:《中国共产党宣传工作简史》(下卷),人民出版社2022年版,第595—598页。

面临着百年变局叠加世纪疫情的复杂环境，国内、国际复杂因素相互交织，新型智库建设的价值进一步凸显。中国特色新型智库是以战略问题和公共政策为主要研究对象、以服务党和政府科学民主决策为宗旨的非营利性研究咨询机构，是国家治理体系和治理能力现代化的重要内容，中国特色新型智库建设关系到国家治理的核心问题，即政府决策的科学性与决策效率，关系到由国家决策体制改革、国家治理体系创新等因素共同构成的国家治理现代化。

回顾"十三五"时期的智库建设，在党中央坚强领导下，智库建设迈出了实质性的步伐。各领域、各层级、各类型的智库以服务中央决策、服务党和国家工作大局为核心使命，充分发挥智力密集、人才密集、学科密集的优势，深入开展重大基础理论问题和重大现实问题的研究，取得了丰富的研究成果，充分发挥了智库的五大功能。但是，我们必须看到，在中国特色新型智库建设中，还存在顶层设计不完善、供需对接不匹配、成果质量欠监管、智库评价效力低、自身建设相对滞后等问题，需要集中精力、整合资源去解决。智库亟待构建一个区别于传统科研机构、有利于自身发展的体制机制。智库内部治理机制改革的目的在于促进智库建设的稳定性和连续性，尤其是促进智库结构要素、核心团队、管理模式、运行机制、质控流程、政策制度更加优化、更加成熟定型，从内部治理创新推动智库功能发挥。

站在"十四五"的开局之年，评价研究院旨在以 2021 年项目及其研究报告为引导，大力推动智库积极谋划在"十四五"时期的建设，秉承"以评促建、以评促改"的宗旨，促进政策落实和智库成果的转化应用，发挥好智库在新时代中国特色社会主义建设浪潮中的引领作用，更好地为哲学社会科学事业的繁荣增光添彩。

五　对策建议

任何对中国智库发展提出对策建议的尝试都要面临一个基本的事实：没有单一的或典型的"中国智库"，"中国智库"是个"复数"，不仅在于总数之多，更在于其内部的多样性与复杂性。在前文中，课题组基于"中国智库综合评价AMI指标体系"，尝试多维度、立体化呈现出这种多样性与复杂性，并更具针对性地剖析"十三五"时期中国智库建设的成就与突出问题，包括运用问卷调查数据展现不同层次、不同类型、不同领域智库的吸引力、管理力和影响力发展情况及其不均衡格局，通过中国智库特色案例评选与分析近距离识别出智库咨政建言、理论创新、舆论引导、社会服务、公共外交五大功能发挥和内部治理创新方面的经验与不足；此外，还以智库填报的"十四五"时期重点研究选题和自身建设规划的问卷结果为基础，展望中国智库建设的前景与挑战。

当前，国内外新形势对中国智库不断提出更高要求，坚持和发展中国特色社会主义理论和实践过程中出现了大量亟待解决的新问题，世界百年未有大变局加速演进，回答中国之问、世界之问、人民之问、时代之问越发需要强大的智力资源、坚实的智力支撑。面临新形势、新要求、新任务，"复数"的中国智库还存在不少突出问题，主要包括：（1）中国特色新型智库体系还不健全，不同类别、不同领域智库发展不均衡；（2）以国家高端智库为引领的"雁阵效应"未充分显现，智库间合作联动、信息共享、协调发展不足；（3）智库与决策部门的供需对接机制有待深化，需进一步明确智库参与决策咨询的法律保障和制度安排；（4）智库成果质量和研究能力亟待提升，传统科研单位组织管理方式尚未真正转变，人才考核评价、经费管理等渐成制约智库高质量发展的堵点；（5）国际议程设置能力和传播力不足，国际影响力和话语权有待加强。

从智库发展外部环境到智库自身能力建设，从智库体系到配套制度保障，从智库研究到智库评价，这些问题牵涉颇广、环环相扣，因而应对之道也必须是围绕吸引力、管理力、影响力推进改革的综合性、系统性方案，唯有如此中国智库才能真正成为推动科学民主依法决策、推进国家治理体系和治理能力现代化、推动经济社会高质量发展、提升国家软实力的有力支撑。

第一，完善不同类型智库的差异化政策供给，加快形成布局合理的中国特色新型智库体系。

以弥合不同类型智库间的信息鸿沟和参与鸿沟为方向，完善针对不同类型智库生存现状和发展规律的差异化政策供给，构建布局合理的中国特色新型智库体系。出台权威有效的智库认定标准和监督检查办法，特别是针对社会智库和企业智库。智库分类标准尚未统一是中国特色新型智库建设进程中多种问题的成因，也是首先要解决的问题。因此，要严格划清各类智库之间的界限，防止智库在运营和建设过程中打"擦边球"。在智库的地区分布上，要积极引导各地立足地方实际情况，大力推进地方智库建设，避免出现过度集中于北上广，进而导致地方政策研究活力与能力低下的状况。

进一步明确智库参与决策咨询的法律保障和制度安排，既做到政府有为、智库有效，又做到政府与智库边界清晰、有序互动。建立政府主导、社会力量参与的决策咨询服务供给体系，稳步推进提供服务主体多元化和提供方式多样化。在充分做好与《政府信息公开条例》《重大行政决策程序暂行条例》《政府购买服务管理办法》等现有制度之间衔接的基础上，总结现有的实践经验，研究出台政府向智库购买决策咨询服务的指导意见，从购买和承接主体、购买内容、购买活动实施、合同及履行、监督监管等方面给出具有指导性和实践性的规范要求。例如，凡属智库提供的咨询报告、政策方案、规划设计、调研数据等，均可纳入政府采购范围和政府购买服务指导性目录。建立按需购买、以事定费、公开择优、合同管理的购买机制，采用公开招标、邀请招标、竞争性谈判、单一来源等多种方式购买。

第二，发挥国家高端智库引领作用，构建各层次、各类别、各领域智库之间协同增效的合作网络。

目前较有成效的经验都显示，智库建设工作主管单位在信息沟通、咨政渠道、资金支持等方面发挥着重要的统筹协调与中枢支撑的作用，特别是将不同机构属性、不同研究方向的各类智库和包括决策机构在内的智库成果需求方等纳入沟通畅通的智库网络。除了国家高端智库建设之外，一些地方重点新型智库、行业智库、社会智库、高校智库在组织管理方面有所尝试。

鼓励以国家高端智库为引领，构建各层次、各类别、各领域智库间的合作网络并推进联合研究，通过信息共享、调适共建、融合共生，释放中国特色新型智库体系的协同效应。一方面，协调各智库主管单位，处理好信息沟通、咨政渠道、资金支持等方面的堵点和痛点，特别是对合作型智库成果的认定开辟新渠道；另一方面，大力倡导不同类型智库的合作，改变散兵游勇的现状，鼓励资源、信息、人才和成果的共建共享，打造多元化结构。

第三，强化研究能力，注重内容创新，以高质量成果支撑高水平决策参考。

胸怀"国之大者"，围绕国之大局、国之大要、国之大势、国之大计，引导智库加强研究的前瞻性、战略性和储备性，拓展智库研究的深度和广度，研制智库成果质量管理机制，以高质量智库成果提供高水平决策参考。

持续开展智库调查跟踪研究。随着决策的复杂程度越来越高，对支撑决策信息的需求也越来越大，智库应该把掌握一手资料作为立足之本和体现智库成果核心竞争力的手段，从实践中来，到实践中去，加强一线调研，通过实践"出真知"，通过实践"育人才"。通过统计数据库、案例数据库等特色数据库的建设，精准掌握经济与社会的现实情况与发展动向，真正产出具有竞争力的智力成果。

加强对基础研究的支持力度，为对策研究提供坚实的理论根基，做好基础理论研究向应用对策研究的转化工作。一是加大经费投入力度，尤其要保障运维经费的可持续性；二是健全基础研究体制机制，激发智库开展基础研究的动力；三是建立健全容错机制，赋予科研人员更大的研究自主权和创新容错空间，激发科研人员的主动性和创造性。

第四，打通智库治理的堵点，深入推进智库体制机制改革创新，充分释放智库活力。

建立制度化的供需对接机制。以智库主管部门牵头多方参与的智库评价为重要抓手，推动构建制度化的供需对接机制、智库成果反馈机制，使智库深度融入决策、全面服务决策，实现供适所需和供需双方良性互动，不仅有利于提升智库的决策影响力，还能激发智库建设的活力。一是拓展服务决策渠道，充分利用中国式"旋转门"机制，提升决策咨询效率；二是对标决策部署，加大智库与课题发包方、政策实施方的沟通频率及成效，贡献务实之策；三是健全项目管理机制，完善管理流程，辅助课题高质量完成。

优化人员考核与激励机制。处理好科研考核与智库考核的关系：基础理论研究关注的是发表学术论文、出版专著等，而应用对策研究关注的是获得领导批示、部门采纳或参与政策咨询会议、文件起草等,两者的考核体系不尽相同。如何在同一个机构内,平衡好对两类研究的考核,是智库建设的一个核心问题。只有运用好评估评价这个指挥棒,才能充分调动各方面的积极性,激励科研人员参与到智库的建设中。在智库人员结构上,形成前政府官员、专职和兼职的资深专家、青年研究人员的梯队化、层次化协作团队,注重学科、专业、年龄之间的合理调配。在"旋转门"机制上,既要发挥退休官员在智库与政府之间的桥梁作用,又要切断利益输送渠道,避免智库成为退休官员的"养老院"和官僚气息浓厚之地。

完善经费管理制度,扩大智库自主权,增加资金供给,注重资金来源的多元化与平衡性。疏通资金池入口,在国家财政给予稳定经费保障的基础上,智库通过政府购买服务、社会公益捐赠等途径,多元化渠道筹措经费,拓展经费来源、增加经费类型,避免对单一化经费的依赖。建立基金形成"资金蓄水池",制定基金管理办法,确保资金合规使用和基金安全运行。

第五,强化国际视野和战略思维,提升中国特色新型智库的国际话语权和国际影响力。

智库的对外合作交流应该以提升我国的国际话语权为目标,立足国家战略并着眼现实需求,形成长效机制。积极主动搭建交流平台,开展针对热点议题的中外智库对话,联合举办国际会议,推进双边和多边合作研究,打造具有特色的智库品牌产品,面向国内及全球发布研究成果。对外用世界语言讲好中国故事、讲好全球故事,擅于借助外力,特别是与海外有影响力的当地智库以及中国智库的海外分支机构建立合作机制,提升自身的国际影响力。

鼓励智库开设海外分支机构,或与海外智库、研究机构、高等院校等联合建立合作机构,构建国际合作网络,发挥现地机构的信息采集与语言优势,对当地社会群体的意见反馈进行调研搜集，主动全面了解民众意愿，跟踪汇总当地政策动态等。

强化国际化发展理念，提升智库运营者与研究人员整体的国际交往能力，才能有效提升智库的国际交流与合作成效。智库人员在国际交往中不断积累经验的同时，还要不断提升自身素养与能力，这既包括研究能力，也应包括管理运营能力。

第六，加强智库评价理论与方法研究，健全中国特色新型智库评价体系。

智库评价在某种程度上是一种公共产品，要以公共利益为导向，不能够被商业利益驱使而失去正确方向。智库评价体系需要一定的进入门槛，确保评价机构具有足够的资质，以维护评价结果的基本质量，同时也避免由于评价机构数量过多而导致的"过度竞争"，甚至是引发逆向选择问题。坚持智库评价的学术底线，确保评价结论建立在科学、合理的评价方法基础上，有可靠的客观数据作为依据。但智库评价的科学性要求并不意味着其方法和结论的单一性。由于智库评价目的和需求的差异，以及智库体系本身的复杂性，智库评价体系也必然是多元化的，需要不同主体的参与。多元化的智库评价体系不仅有助于评价视角的相互补充和完善，还有助于评价机构相互之间的学习和评价方法的创新，适当的竞争也能够为评价者改善评估方法、提高评价结果质量提供激励。在评价研究院推出的智库综合评价 AMI 指标体系、国家标准的基础上，不断深化、推陈出新，探索不同类型智库的评价指标体系。

附录一 评选结果

（一）特色案例入选名单

特色案例指智库聚焦自身优势与特色，在发挥智库功能和体制机制改革创新等方面进行了突破性探索并取得重要经验。

附表 1-1　　2021 年中国智库特色案例【咨政建言】
（按申报单位名称音序排列，排名不分先后）

智库名称	案例名称
当代中国与世界研究院	建设外宣重大现实问题研究重镇高地
国家记忆与国际和平研究院	推动首部国家公祭地方立法施行
商务部国际贸易经济合作研究院	着眼全局、立足本职、把握问题，推进专业智库咨政建言
上海国际问题研究院	智库建言：共抗疫　谋发展
上海交通大学中国城市治理研究院	观时明是服务特大城市治理，硕果累累贡献高校智库结晶
深圳大学港澳基本法研究中心	积极撰写咨政报告服务党和国家港澳工作决策
四川省社会科学院	为强国建言，为兴川献策
云南省社会科学院　中国（昆明）南亚东南亚研究院	孟中印缅研究成果转化升级为国家发展战略
中国财政科学研究院	组织"企业成本"等品牌调研咨政建言，成果受有关决策部门重视肯定

续表

智库名称	案例名称
中国国际经济交流中心	在"中美经贸关系""共建'一带一路'""粤港澳大湾区"等国家重大决策中发挥突出作用
中国行政体制改革研究会	聚焦行政改革领域,做党和国家决策的好参谋
中国社会科学院国家全球战略智库	依托雄厚科研实力,在国际问题领域为国建言
中国银行研究院	发挥覆盖全球的研究优势,在国际金融、宏观决策等领域持续为国家建言献策
中信改革发展研究基金会	求真务实、服务大局,发挥民间智库独特作用

附表1-2　　2021年中国智库特色案例【理论创新】
（按申报单位名称音序排列，排名不分先后）

智库名称	案例名称
北京师范大学一带一路学院	植根于实践的可持续性理论创新研究范式
上海交通大学中国发展研究院	空间政治经济学研究大国发展
武汉大学国际法治研究院	研究中国实践、阐述中国智慧、构建中国特色国际法理论体系
中国社会科学院国家全球战略智库	以努力建设"三大理论学派"为基础,实现国际问题研究理论创新,建设国际问题研究学术殿堂

附表1-3　　2021年中国智库特色案例【舆论引导】
（按申报单位名称音序排列，排名不分先后）

智库名称	案例名称
复旦大学美国研究中心	积极配合国家对美外交大局,发挥涉美舆论引导作用
商务部国际贸易经济合作研究院	加强舆论传播力、引导力、影响力,让智库宣传"声"入人心
西南政法大学人权研究院	涉疆涉藏问题话语权争夺与国际舆论引导

续表

智库名称	案例名称
中国南海研究院	针对南海重大或突发事件主动发声,积极开展舆论引导与话语权争夺
中国人民大学重阳金融研究院	协调百名学者联署《致美国社会各界的公开信》

附表1-4　　　2021年中国智库特色案例【社会服务】

（按申报单位名称音序排列,排名不分先后）

智库名称	案例名称
当代中国与世界研究院	创新打造中国特色话语外译传播平台和"中国关键词"品牌
贵州大学贵州基层社会治理创新高端智库	引导政策,指导实践,"顶天立地"服务脱贫攻坚
华中师范大学中国农村研究院	发挥研究所长,助力社会改革创新
上海师范大学国际与比较教育研究院	服务全球教师教育发展　创建教科文组织二类机构
生态环境部环境规划院	以科普视频方式服务于公众理解大气环境问题
水电水利规划设计总院	助力金沙江水电移民安置和脱贫攻坚任务
西南财经大学中国家庭金融调查与研究中心	微观数据多元化服务经济社会高质量发展
西南大学西南民族教育与心理研究中心	"三区三州"教育扶贫成效评估机制与"一县一策"方案
浙江大学中国农村发展研究院	品牌化、组织化、数字化,"三化"协同助推乡村产业振兴
中国政法大学法治政府研究院	彰显学科特色　强化社会服务

附表1-5　　　2021年中国智库特色案例【公共外交】

（按申报单位名称音序排列,排名不分先后）

智库名称	案例名称
北京大学中外人文交流研究基地	大国博弈背景下的公共外交与人文交流:高校智库的责任、角色与创新

续表

智库名称	案例名称
清华大学战略与安全研究中心	讲好中国故事，助力新时代的中国特色大国外交
天津大学生物安全战略研究中心	服务国家需求，牵头《天津指南》制定，提升生物安全国际话语权
云南大学缅甸研究院	长期开展对缅公共外交成效显著
中共中央对外联络部当代世界研究中心	为服务党的对外工作、讲好中国故事聚拢智库力量
中国国际经济交流中心	在中美、中欧、中日、中韩等"二轨"外交中担当重要角色
中国南海研究院	推动智库在海外设立分支机构，成功开辟全新公共外交平台

附表1-6　2021年中国智库特色案例【内部治理创新】
（按申报单位名称音序排列，排名不分先后）

智库名称	案例名称
安邦智库	跨国项目频合作　智库声音达廿国——独立智库国际合作最优解
北京大学国家发展研究院	做强智库国际交流培训品牌，有效服务国家长期发展战略
对外经济贸易大学中国世界贸易组织研究院	以品牌学术会议和国际科研项目为平台，积极提升智库国际影响力
复旦大学发展研究院	以"人"为本，务实创新，新型高校智库高质量发展探索之路
国家开发银行研究院	围绕研究课题、研究力量、研究成果三方面创新"全行办智库"体制机制
暨南大学经济与社会研究院	综合改革示范区为经费管理开辟新道路
南京大学长江产业经济研究院	省校聚力破边界　研究运营齐发力——高校智库建设的新模式
首都科技发展战略研究院	以智库研究为引领，探索科技创新投资新模式，促进研究成果转化

续表

智库名称	案例名称
苏州大学东吴智库	推进成果评价机制改革 提升智库服务决策能力
武汉大学国际法治研究院	参与国际规则制定、推动国际组织设立,全方位提升智库国际影响力
中共北京市委党校（北京行政学院）	在"软激励"与"硬约束"中提高智库研究积极性
中国环境科学研究院	探索"1+X"科技攻关新型举国体制和"一市一策"驻点跟踪研究模式
中国人民大学国家发展与战略研究院	保障智库高质量研究的体制机制创新与改革
中国社会科学院国家金融与发展实验室	"强根基、重协调、提质量、立权威、辅决策"——深化研究体制改革
中国石油集团经济技术研究院	立足自身优势,打造开放平台 做中国特色新型企业智库建设引领者
中信改革发展研究基金会	探索中国式"旋转门"机制,以高水平队伍促智库高质量发展

（二）参考案例入选名单

参考案例指智库聚焦自身优势与特色,在发挥智库功能和体制机制改革创新等方面进行了一定的探索,相关实践经验对于智库间互学互鉴具有参考性。

附表1-7 2021年中国智库参考案例【咨政建言】
（按申报单位名称音序排列,排名不分先后）

智库名称	案例名称
北京第二外国语学院中国"一带一路"战略研究院	"一带一路"智库报告：服务"走出去"全周期决策过程
电力规划设计总院	积极建言能源"十四五"规划

续表

智库名称	案例名称
东北大学中国东北振兴研究院	南北联动，积极为东北振兴建言献策
复旦大学中国经济研究中心	打造以智库为节点的观点网络
广东国际战略研究院	服务国家战略，讲好中国故事
华中科技大学国家治理研究院	以智战疫：抗击新冠肺炎疫情系列咨政建言
华中农业大学农村社会建设与管理研究中心	扎根农村一线，服务国家重大战略需求，持续产出高质量决策咨询成果
南开大学亚太经合组织研究中心	服务国家重大战略需求，开展亚太区域合作问题高水平决策咨询
人民网研究院	为媒体融合发展国家战略提供智力支持
上海财经大学上海国际金融中心研究院	突显智库金融特色，咨政建言屡获采纳
上海大学全球问题研究院	对接国家重大战略需求，基础研究与对策研究相融合
同济大学国家创新发展研究院	构建"十四五"时期国家科技新生态研究
同济大学国家现代化研究院	新冠病毒疫情防控风险评估及应对策略
外交学院亚洲研究所	谏言东亚领导人会议：东亚区域合作智库网络的创新与实践
厦门大学东南亚研究中心	聚焦东南亚建言献策
粤港澳大湾区发展广州智库	强化使命担当　深入推进粤港澳大湾区咨政研究
浙江工商大学现代商贸研究中心	流通业高质量发展的思路、路径与经验
浙江省社会科学院	紧扣"获得感"，突出专业性——第三方评估助力省域治理现代化的浙江探索
中共山东省委党校（山东行政学院）	积极发挥重点新型智库职能，助推新时代现代化强省建设
中南财经政法大学收入分配与现代财政研究院	中国居民收入财富调查与动态监测
中南财经政法大学知识产权研究中心	起草国家知识产权战略及规划，服务知识产权强国建设
自然资源部咨询研究中心（自然资源智库）	自然资源"十三五"规划实施情况评估

附表1-8　　2021年中国智库参考案例【理论创新】
（按申报单位名称音序排列，排名不分先后）

智库名称	案例名称
北京理工大学能源与环境政策研究中心	自主研制气候变化综合评估模型平台，支撑国家双碳决策
华东师范大学课程与教学研究所	核心素养与课程发展理论
南开大学政治经济学研究中心	当代中国马克思主义政治经济学丛书
武汉大学经济发展研究中心	新时代中国的发展实践与发展经济学的理论创新
中关村华夏新供给经济学研究院	新供给经济学理论创新

附表1-9　　2021年中国智库参考案例【舆论引导】
（按申报单位名称音序排列，排名不分先后）

智库名称	案例名称
复旦大学一带一路及全球治理研究院	发挥正确舆论引导，提升智库能级
暨南大学舆情与社会治理研究院	全方位多角度宽领域助力我国国际传播话语权建设
上海财经大学中国自由贸易试验区协同创新中心	品牌丛书论坛引领舆论，国际标准占领话语权高地
上海外国语大学中东研究所	超越国际热点报道，构建中国中东叙事话语

附表1-10　　2021年中国智库参考案例【社会服务】
（按申报单位名称音序排列，排名不分先后）

智库名称	案例名称
北京市长城企业战略研究所	微咨询优化智库服务模式，赋能科学决策
北京外国语大学英国研究中心	探索《英国发展报告》的社会服务价值
广西师范大学广西民族教育发展研究中心	坚定不移扎根西部、边疆、民族地区，初心不改服务教育发展、社会进步

续表

智库名称	案例名称
华东师范大学中国现代思想文化研究所	以多学科平台建设提升文史哲学科影响力
华东政法大学中国法治战略研究中心	立足华东，服务全国检察体制改革创新
甲秀智库（贵州省社会科学院）	服务区域经济社会发展，助力地方治理现代化
山东师范大学儿童青少年发展研究院	基于社会需求的心理健康服务
陕西师范大学中国西部边疆研究院	边疆治理与国家安全
上海交通大学战争审判与世界和平研究院	聚焦国家战略，开展多渠道社会服务功能
天津大学教育科学研究中心	推动职业教育改革创新，打造职业教育高端智库
天津大学应急医学研究院	紧扣灾难医学学科特色　发挥平台优势　强化社会服务
厦门大学南海研究院	服务地方社会发展，促进海洋法学传播
云南大学沿边开放与经济发展智库	重构花卉品种创新体系支撑云南花卉发展
中南财经政法大学长江绿色发展工程研究院	长江生态治理"宜昌试验"中的智库作为
中央财经大学财经研究院	通过绿色金融研究服务国家高质量发展

附表1-11　　2021年中国智库参考案例【公共外交】

（按申报单位名称音序排列，排名不分先后）

智库名称	案例名称
北京外国语大学国家语言能力发展研究中心	维护国家语言主权
华侨大学海上丝绸之路研究院	"一带一路"国际合作人才培训
全球化智库	疫情期间与在华国际群体展开"二轨"外交
同济大学德国研究中心	多形式助力新时代公共外交

附表 1-12　　　2021 年中国智库参考案例【内部治理创新】
（按申报单位名称音序排列，排名不分先后）

智库名称	案例名称
21 世纪经济研究院	营商环境数字化解决方案
国网能源研究院有限公司	加强绩效管理　创新人才激励
黑龙江省社会科学院	打造东北亚智库联盟国际交流平台
华南理工大学印度洋岛国研究中心	智库建设驱动下的国别和区域人才培养探索与实践
南方电网能源发展研究院有限责任公司	推进研究咨询机构扁平化，构建符合智库特点的岗位发展通道
盘古智库	智库柔性研究网络实践——盘古智库与吉林省共建吉林振兴研究院
山东大学县域发展研究院	校政共建，打造县域发展研究的高地
陕西师范大学西北历史环境与经济社会发展研究院	尊重规律，流动开放，优化制度环境，着力打造一流科研团队
上海财经大学中国公共财政研究院	基于中外、校政、校企、校际全面合作的智库制度建设
上海交通大学中国医院发展研究院	"新医科"理念下的医疗卫生智库建设实践
四川大学中国南亚研究中心	改革成果评价和应用转化机制　为大学办智库提供保障
天津大学中国文化遗产保护国际研究中心	发挥外籍专家引领作用，建设跨学科、国际化中国文化遗产保护智库
中国科学技术发展战略研究院	成立科技部国家高端智库研究联合体

（三）组织参与奖入选名单

组织参与奖的对象为在本次项目开展过程中对智库调研和数据反馈给予大力支持与协助的智库工作主管方。

附表 1-13　2021 年中国智库综合评价研究项目组织参与奖
（按申报单位名称音序排列，排名不分先后）

单位部门名称
北京外国语大学科研处
广西壮族自治区决策咨询委员会办公室
华东师范大学人文与社会科学研究院
华南理工大学社会科学处（智库建设管理办公室）
华中科技大学人文社会科学处
华中农业大学科学技术发展研究院人文社会科学处
吉林大学社会科学处
江苏省哲学社会科学规划办公室
南开大学人文社会科学研究部
陕西师范大学社会科学处
上海交通大学智库中心
天津大学人文社科处
西安交通大学社会科学处
西安外国语大学科研机构管理中心
西南政法大学科研处
厦门大学社科处
中共贵州省委宣传部哲学社会科学规划办公室
中国地质大学（武汉）科学技术发展院
中南财经政法大学科学研究部、社会科学研究院

附录二　参与"中国智库综合评价研究项目（2021）"调研机构名录

附表 2-1　2021 年中国智库综合评价研究项目反馈问卷机构名单

（按反馈问卷单位名称音序排列，排名不分先后）

序号	反馈机构名称
1	21 世纪经济研究院
2	阿里研究院
3	安邦智库
4	北京大学国家发展研究院
5	北京大学汇丰金融研究院
6	北京大学中外人文交流研究基地
7	北京第二外国语学院阿拉伯研究中心
8	北京第二外国语学院国家文化发展国际战略研究院
9	北京第二外国语学院中国"一带一路"战略研究院
10	北京方迪经济发展研究院
11	北京交通大学北京产业安全与发展研究基地
12	北京交通大学北京交通发展研究基地
13	北京交通大学北京物流信息化研究基地
14	北京交通大学国家经济安全研究院
15	北京交通大学首都大学生思想政治教育研究基地
16	北京京商流通战略研究院
17	北京理工大学能源与环境政策研究中心
18	北京师范大学金砖国家合作研究中心
19	北京师范大学一带一路学院

续表

序号	反馈机构名称
20	北京市长城企业战略研究所
21	北京外国语大学巴尔干研究中心
22	北京外国语大学北京中外文化交流研究基地
23	北京外国语大学冰岛研究中心
24	北京外国语大学波兰研究中心
25	北京外国语大学德国研究中心
26	北京外国语大学俄罗斯研究中心
27	北京外国语大学二十国集团研究中心
28	北京外国语大学法语国家与地区研究中心
29	北京外国语大学非洲研究中心
30	北京外国语大学芬兰研究中心
31	北京外国语大学公共外交研究中心
32	北京外国语大学国家语言能力发展研究中心
33	北京外国语大学海湾阿拉伯研究中心
34	北京外国语大学罗马尼亚研究中心
35	北京外国语大学日本研究中心
36	北京外国语大学瑞典研究中心
37	北京外国语大学亚太经合组织研究中心
38	北京外国语大学伊朗研究中心
39	北京外国语大学英国研究中心
40	北京外国语大学中东欧研究中心
41	察哈尔学会
42	长江教育研究院
43	重庆博众城市发展管理研究院
44	重庆大学城市化与区域创新极发展研究中心
45	重庆大学公共经济与公共政策研究中心
46	重庆大学国家网络空间安全与大数据法治战略研究院
47	重庆工商大学长江上游经济研究中心
48	重庆工商大学上游智库
49	重庆国际投资咨询集团有限公司重咨智库研究中心

续表

序号	反馈机构名称
50	重庆市区域经济学会
51	重庆邮电大学信息产业合作研究中心
52	当代中国与世界研究院
53	电力规划设计总院
54	电子科技大学社会事业和社会保障研究智库
55	东北大学中国东北振兴研究院
56	东南大学道德发展智库
57	对外经济贸易大学国家（北京）对外开放研究院
58	对外经济贸易大学中国世界贸易组织研究院
59	多彩贵州文化旅游研究院
60	福建省人民政府发展研究中心
61	复旦大学俄罗斯中亚研究中心
62	复旦大学发展研究院
63	复旦大学国际问题研究院
64	复旦大学美国研究中心
65	复旦大学人口与发展政策研究中心
66	复旦大学日本研究中心
67	复旦大学长三角一体化发展研究院
68	复旦大学一带一路及全球治理研究院
69	复旦大学中国经济研究中心
70	复旦大学宗教与中国国家安全研究中心
71	复星全球产业研究院
72	广东财经大学国民经济研究中心
73	广东财经大学珠三角科技金融产业协同创新发展中心
74	广东国际战略研究院
75	广东省社会科学院
76	广东亚太创新经济研究院
77	广西财经学院广西金融与经济研究院
78	广西财经学院海上丝绸之路与广西区域发展研究院
79	广西创领科技咨询有限公司

续表

序号	反馈机构名称
80	广西大学广西创新发展研究院
81	广西大学中国—东盟研究院
82	广西能源智库
83	广西日报—桂声智库
84	广西社会道德文化研究会
85	广西社会科学院
86	广西师范大学广西民族教育发展研究中心
87	广西师范大学桂学研究院
88	广西乡村振兴战略研究会
89	广西医科大学卫生与健康政策研究中心
90	广西中医药大学中国—东盟传统医药发展研究院
91	广西专家顾问咨询中心
92	广西壮族自治区海洋研究院
93	广西壮族自治区经济社会技术发展研究所
94	广州大学广州发展研究院
95	广州大学广州国际金融研究院
96	广州日报数据和数字化研究院
97	广州市大湾区现代产业发展研究院
98	广州市粤港澳大湾区（南沙）改革创新研究院
99	贵州大学贵州基层社会治理创新高端智库
100	贵州绿色发展战略高端智库（贵州财经大学绿色发展战略研究院）
101	贵州体育旅游研究院
102	桂林电子科技大学广西战略性新兴产业发展研究中心
103	国发智库研究院
104	国际关系学院国际战略与安全研究中心
105	国家工业信息安全发展研究中心
106	国家记忆与国际和平研究院
107	国家开发银行研究院
108	国能经济技术研究院有限责任公司
109	国网能源研究院有限公司

续表

序号	反馈机构名称
110	海南大学"一带一路"研究院
111	河北省社会科学院
112	河南大学以色列研究中心
113	河南大学中原发展研究院
114	黑龙江大学中俄全面战略协作省部共建协同创新中心
115	黑龙江省社会科学院
116	红网智库
117	湖北大学湖北青少年思想道德教育研究中心
118	湖北大学湖北文化建设研究院
119	湖北大学文化科技融合创新研究中心
120	湖北大学中华文化发展湖北省协同创新中心
121	湖北省中国特色社会主义理论体系研究中心华中农业大学分中心
122	湖北省中国特色社会主义理论体系研究中心中国地质大学（武汉）分中心
123	湖南大学国家腐败预防与惩治研究中心
124	湖南大学中国文化软实力研究中心
125	湖南省经济建设与投资决策研究智库
126	湖南省社会科学院
127	湖南省远景经济发展研究院（远景智库）
128	湖南师范大学中国乡村振兴研究院
129	华东理工大学高校思想政治工作研究中心
130	华东理工大学上海公共经济与社会治理研究中心
131	华东理工大学社会工作与社会政策研究院
132	华东师范大学俄罗斯研究中心
133	华东师范大学国家话语生态研究中心
134	华东师范大学国家教育宏观政策研究院
135	华东师范大学基础教育改革与发展研究所
136	华东师范大学课程与教学研究所
137	华东师范大学上海人口结构和发展趋势创新研究基地
138	华东师范大学中国佛教美术研究中心

续表

序号	反馈机构名称
139	华东师范大学中国文字研究与应用中心
140	华东师范大学中国现代思想文化研究所
141	华东师范大学周边合作与发展协同创新中心
142	华东政法大学政治学研究院
143	华东政法大学中国法治战略研究中心
144	华南理工大学非传统安全与应急管理研究基地
145	华南理工大学公共政策研究院
146	华南理工大学广东旅游战略与政策研究中心
147	华南理工大学广东省公共外交与跨文化传播研究基地
148	华南理工大学广州城市风险治理与应急管理研究中心
149	华南理工大学广州数字创新研究中心
150	华南理工大学国家治理研究中心
151	华南理工大学社会治理研究中心
152	华南理工大学印度洋岛国研究中心
153	华南理工大学粤港澳大湾区规划创新研究中心
154	华南理工大学政府绩效评价中心
155	华侨大学海上丝绸之路研究院
156	华侨大学华侨华人研究院
157	华中科技大学国家治理研究院
158	华中科技大学健康政策与管理研究院
159	华中科技大学教育立法研究基地
160	华中科技大学人权法律研究院
161	华中科技大学养老服务研究中心
162	华中科技大学铸牢中华民族共同体意识研究基地
163	华中农业大学宏观农业研究院
164	华中农业大学湖北农村发展研究中心
165	华中农业大学农村社会建设与管理研究中心
166	华中师范大学国家教育治理研究院
167	华中师范大学可持续发展研究中心
168	华中师范大学学校治理研究中心

续表

序号	反馈机构名称
169	华中师范大学中国农村研究院
170	环境与发展智库
171	吉林大学东北地域社会治理研究中心
172	吉林大学东北亚研究中心
173	吉林大学东北振兴发展研究院
174	吉林大学犯罪治理研究中心
175	吉林大学国际关系研究所
176	吉林大学国家发展与安全研究院
177	吉林大学劳动关系研究院
178	吉林大学数量经济研究中心
179	吉林大学中国国有经济研究中心
180	吉林大学中国科技政策与科技管理研究中心
181	吉林大学中国人口老龄化与经济社会发展研究中心
182	吉林大学中国文化研究所
183	吉林师范大学吉林省农村金融研究基地
184	暨南大学广州市舆情大数据研究中心
185	暨南大学华侨华人研究院
186	暨南大学经济与社会研究院
187	暨南大学绿色发展研究中心
188	暨南大学舆情与社会治理研究院
189	暨南大学中华民族凝聚力研究院/铸牢中华民族共同体意识研究基地
190	甲秀智库（贵州省社会科学院）
191	江汉大学武汉研究院
192	江苏警官学院江苏省公共安全研究院
193	江苏区域现代化研究院
194	江苏师范大学一带一路研究院
195	江西财经大学现代产业发展研究院
196	教育部高校思想政治工作创新发展中心（华南理工大学）
197	兰州大学一带一路研究中心
198	兰州大学中亚研究所

续表

序号	反馈机构名称
199	中共辽宁省委党校（辽宁行政学院、辽宁省社会主义学院）、辽宁省情研究中心
200	聊城大学太平洋岛国研究中心
201	瞭望智库
202	每日经济新闻每经智库
203	南方电网能源发展研究院有限责任公司
204	南京财经大学现代服务业智库
205	南京大学长江产业经济研究院
206	南京大学中国南海研究协同创新中心
207	南京林业大学中国特色生态文明建设与林业发展研究院
208	南京尚道社会研究所
209	南京师范大学中国法治现代化研究院
210	南京医科大学健康江苏研究院
211	南京艺术学院紫金文创研究院
212	南京邮电大学江苏现代信息服务业研究基地
213	南开大学21世纪马克思主义研究院
214	南开大学滨海开发研究院
215	南开大学当代中国问题研究院
216	南开大学经济与社会发展研究院（南开大学京津冀协同发展研究院）
217	南开大学跨国公司研究中心
218	南开大学日本研究中心
219	南开大学希腊研究中心
220	南开大学现代旅游业发展省部共建协同创新中心
221	南开大学循环经济与低碳发展研究中心
222	南开大学亚太经合组织研究中心
223	南开大学政治经济学研究中心
224	南开大学中国特色社会主义经济建设协同创新中心
225	南开大学中国政府发展联合研究中心
226	盘古智库
227	清华大学战略与安全研究中心
228	全球化智库

续表

序号	反馈机构名称
229	人民网研究院
230	人民网舆情数据中心（人民网新媒体智库）
231	厦门大学创新与知识产权研究中心
232	厦门大学东盟研究中心
233	厦门大学东南亚研究中心
234	厦门大学高等教育发展研究中心
235	厦门大学国家与社会治理法治化研究中心
236	厦门大学宏观经济研究中心
237	厦门大学会计发展研究中心
238	厦门大学马来西亚研究所
239	厦门大学南海研究院
240	厦门大学台湾研究院
241	厦门大学新加坡研究中心
242	厦门大学印度尼西亚研究中心
243	山东财经大学山东财经战略研究院（山东新旧动能转换研究院）
244	山东大学俄罗斯与中亚研究中心
245	山东大学国家治理研究院
246	山东大学生活质量与公共政策研究中心
247	山东大学卫生管理与政策研究中心
248	山东大学县域发展研究院
249	山东师范大学儿童青少年发展研究院
250	山东师范大学高等教育研究院
251	山东师范大学公共政策与社会治理研究中心
252	山东师范大学国家治理研究中心
253	山东师范大学农村发展研究中心
254	山东师范大学全国民政政策理论研究基地
255	山东师范大学山东基础教育发展与政策研究中心
256	山东师范大学中德莱布尼茨研究中心
257	山东师范大学山东省投资发展研究中心
258	山东师范大学数字艺术哲学研究中心

续表

序号	反馈机构名称
259	山东师范大学中东研究中心
260	山东师范大学宗教事务与社会治理研究中心
261	山东泰山文化和旅游规划设计院
262	山西省社会科学院（山西省人民政府发展研究中心）
263	陕西师范大学"一带一路"建设与中亚研究协同创新中心
264	陕西师范大学"一带一路"文化研究院
265	陕西师范大学公共治理与政策创新研究中心
266	陕西师范大学陕西文化资源开发协同创新中心
267	陕西师范大学西北基础教育与教师教育研究中心
268	陕西师范大学西北历史环境与经济社会发展研究院
269	陕西师范大学语言资源开发研究中心
270	陕西师范大学中国西部边疆研究院
271	商务部国际贸易经济合作研究院
272	上海财经大学高等研究院
273	上海财经大学公共政策与治理研究院
274	上海财经大学长三角与长江经济带发展研究院
275	上海财经大学上海国际金融中心研究院
276	上海财经大学中国公共财政研究院
277	上海财经大学中国自由贸易试验区协同创新中心
278	上海大学全球问题研究院
279	上海大学上海合作组织公共外交研究院
280	上海对外经贸大学朝鲜半岛研究中心
281	上海对外经贸大学国际经贸治理与中国改革开放联合研究中心
282	上海对外经贸大学世界贸易组织研究中心
283	上海福卡经济预测研究所有限公司（福卡智库）
284	上海国际问题研究院
285	上海海事大学上海国际航运研究中心
286	上海交通大学澳大利亚研究中心
287	上海交通大学改革创新与治理现代化研究中心
288	上海交通大学国家海洋战略与权益研究基地

续表

序号	反馈机构名称
289	上海交通大学国家战略研究院
290	上海交通大学行业研究院
291	上海交通大学健康长三角研究院
292	上海交通大学—联合国工业发展组织绿色增长联合研究院
293	上海交通大学日本研究中心
294	上海交通大学神话学研究院
295	上海交通大学世界一流大学研究中心
296	上海交通大学文化创新与青年发展研究院
297	上海交通大学战争审判与世界和平研究院
298	上海交通大学中国城市治理研究院
299	上海交通大学中国发展研究院
300	上海交通大学中国法与社会研究院
301	上海交通大学中国公益发展研究院
302	上海交通大学中国海洋装备工程科技发展战略研究院
303	上海交通大学中国金融研究院
304	上海交通大学中国医院发展研究院
305	上海师范大学国际与比较教育研究院
306	上海外国语大学中东研究所
307	上海外国语大学中国国际舆情研究中心
308	深圳大学城市治理研究院
309	深圳大学港澳基本法研究中心
310	生态环境部环境规划院
311	首都科技发展战略研究院
312	水电水利规划设计总院
313	四川大学南亚研究所
314	四川大学中国南亚研究中心
315	四川大学自然灾害应急管理与灾后重建研究智库
316	四川省社会科学院
317	四川师范大学成渝文化教育研究院
318	四川师范大学大中小学思想政治教育一体化建设研究中心

续表

序号	反馈机构名称
319	四川师范大学全球治理与区域国别研究院
320	苏宁金融研究院
321	苏州大学东吴智库
322	天津大学国家知识产权战略实施研究基地
323	天津大学教育科学研究中心
324	天津大学社会科学调查与数据中心
325	天津大学生物安全战略研究中心
326	天津大学亚太经合组织可持续能源中心
327	天津大学应急医学研究院
328	天津大学中国绿色发展研究院
329	天津大学中国文化遗产保护国际研究中心
330	天津大学中国智慧法治研究院
331	天津社会科学院
332	同济大学德国研究中心
333	同济大学国家创新发展研究院
334	同济大学国家现代化研究院
335	外交学院亚洲研究所
336	万里智库
337	武汉大学国际法治研究院
338	武汉大学经济发展研究中心
339	武汉大学媒体发展研究中心
340	武汉大学社会保障研究中心
341	武汉大学中国边界与海洋研究院
342	武汉大学中国语情与社会发展研究中心
343	武汉理工大学残疾人事业发展研究中心
344	武汉理工大学湖北知识产权研究中心
345	西安交通大学"一带一路"自由贸易试验区研究院
346	西安交通大学丝绸之路国际法与比较法研究所
347	西安交通大学新媒体与社会治理研究中心
348	西安交通大学知识产权研究中心

续表

序号	反馈机构名称
349	西安交通大学中国西部高等教育评估中心
350	西安外国语大学澳大利亚研究中心
351	西安外国语大学波兰研究中心
352	西安外国语大学东北亚研究中心
353	西安外国语大学法语国家与地区研究中心
354	西安外国语大学国际舆情与国际传播研究院
355	西安外国语大学南亚研究中心
356	西安外国语大学区域与国别研究院
357	西安外国语大学喜马拉雅研究中心
358	西北大学中国西部经济发展研究中心
359	西北工业大学"一带一路"文化遗产科技保护国际联合研究中心
360	西北工业大学陕西高等教育研究院
361	西北工业大学陕西省公众科学素质发展研究中心
362	西北工业大学无人系统发展战略研究中心
363	西南财经大学中国家庭金融调查与研究中心
364	西南财经大学中国西部经济研究中心
365	西南大学教育政策研究所
366	西南大学西南民族教育与心理研究中心
367	西南大学中国抗战大后方研究协同创新中心
368	西南政法大学党内法规研究中心（重庆市党内法规研究中心）
369	西南政法大学国际恐怖主义问题研究中心
370	西南政法大学国家毒品问题治理研究中心
371	西南政法大学国家文化和旅游研究基地
372	西南政法大学全面依法治国研究院
373	西南政法大学人权研究院
374	西南政法大学智能司法研究院（智能司法研究协同创新中心）
375	西南政法大学中国—东盟法律研究中心
376	西南政法大学中国特色金融法治智库
377	西南政法大学重庆知识产权保护协同创新中心
378	西南政法大学总体国家安全观研究院

续表

序号	反馈机构名称
379	燕山大学河北省公共政策评估研究中心
380	扬州大学中国大运河研究院
381	粤港澳大湾区发展广州智库
382	云南大学边疆民族问题智库
383	云南大学缅甸研究院
384	云南大学沿边开放与经济发展智库
385	云南大学周边外交研究中心
386	云南省宏观经济研究院（云南省产业研究院）
387	云南省社会科学院 中国（昆明）南亚东南亚研究院
388	浙江大学公共政策研究院
389	浙江大学区域协调发展研究中心
390	浙江大学中国科教战略研究院
391	浙江大学中国农村发展研究院
392	浙江工商大学现代商贸研究中心
393	浙江理工大学浙江省生态文明研究院
394	浙江省社会科学院
395	浙江外国语学院国别和区域研究中心
396	浙江外国语学院环地中海研究院
397	浙江外国语学院环地中海研究院阿拉伯研究中心
398	浙江外国语学院拉丁美洲研究所
399	郑州师范学院国家中心城市研究院
400	中共北京市委党校（北京行政学院）
401	中共成都市委党校
402	中共广西区委党校（广西行政学院）
403	中共贵州省委党校（贵州行政学院、中共贵州省委讲师团）
404	中共国家能源集团党校
405	中共湖南省委党校（湖南行政学院）
406	中共山东省委党校（山东行政学院）
407	中共潍坊市委党校
408	中共中央对外联络部当代世界研究中心

续表

序号	反馈机构名称
409	中关村华夏新供给经济学研究院
410	中国财政科学研究院
411	中国传媒大学媒介与公共事务研究院
412	中国传媒大学全国高等教育质量监测评估研究基地
413	中国地质大学（武汉）湖北省生态文明研究中心
414	中国地质大学（武汉）湖北省珠宝首饰传承与创新发展研究中心
415	中国地质大学（武汉）资源环境经济研究中心
416	中国地质大学（武汉）自然资源部法治研究重点实验室
417	中国国际经济交流中心
418	中国国际问题研究院
419	中国行政体制改革研究会
420	中国环境科学研究院
421	中国教育科学研究院
422	中国科学技术发展战略研究院
423	中国南海研究院
424	中国人民大学国际货币研究所
425	中国人民大学国家发展与战略研究院
426	中国人民大学重阳金融研究院
427	中国社会科学院国家金融与发展实验室
428	中国社会科学院国家全球战略智库
429	中国石油大学中国能源战略研究院
430	中国石油集团经济技术研究院
431	中国丝路智谷研究院
432	中国银行研究院
433	中国政法大学法治政府研究院
434	中南财经政法大学长江绿色发展工程研究院
435	中南财经政法大学法治发展与司法改革研究中心
436	中南财经政法大学反恐怖主义研究中心
437	中南财经政法大学高质量发展研究中心
438	中南财经政法大学生态文明研究院

续表

序号	反馈机构名称
439	中南财经政法大学收入分配与现代财政研究院
440	中南财经政法大学政府会计研究所
441	中南财经政法大学知识产权研究中心
442	中南大学社会调查与民意研究中心
443	中南民族大学湖北民族宗教舆情研究中心
444	中南民族大学湖北全面小康建设研究院
445	中山大学高级金融研究院
446	中信改革发展研究基金会
447	中央财经大学财经研究院
448	中央财经大学—电子科技大学联合数据研究中心
449	中央财经大学绿色金融国际研究院
450	中央财经大学中国互联网经济研究院
451	自然资源部咨询研究中心（自然资源智库）

附表2-2　2021年中国智库综合评价研究项目调研单位名称
（按调研单位名称音序排列，排名不分先后）

序号	调研单位名称
1	《人民日报》社智库工作室
2	艾利艾智库
3	北京大学国际战略研究院
4	北京大学国家治理研究院
5	北京大学区域与国别研究院
6	北京大学人口研究所
7	北京大学社会科学部智库办公室
8	北京大学首都发展研究院
9	北京第二外国语学院科研处
10	北京第二外国语学院首都国际交往中心研究院
11	北京第二外国语学院思想教育研究院
12	北京第二外国语学院中国文化与旅游产业研究院
13	北京师范大学中国教育与社会发展研究院

续表

序号	调研单位名称
14	北京外国语大学科研处
15	北京外国语大学丝绸之路研究院
16	重庆大学城乡建设与发展研究院
17	重庆大学地方政府治理协同创新中心
18	重庆大学工程科教战略研究中心
19	重庆大学经略研究院
20	重庆大学社会科学研究处
21	重庆大学文化创意产业研究院
22	重庆大学重庆人才发展研究院
23	重庆邮电大学日本研究中心
24	东华大学"一带一路"研究中心
25	复旦大学网络空间战略研究所
26	复旦大学文科科研处
27	复旦大学亚太区域合作与治理研究中心
28	复旦大学政党建设与国家发展研究中心
29	复旦大学中国研究院
30	复旦大学中欧人文交流研究中心
31	复旦大学中英人文交流研究中心
32	广西大学财政金融研究中心
33	广西海洋研究院
34	广西宏观经济学会
35	广西宏观经济研究院
36	广西经济社会技术发展研究所
37	广西科学院
38	广西民族大学广西中华民族共同体意识研究院
39	广西民族大学中国—东盟研究中心
40	广西青年智库研究会
41	广西师范大学广西人文社会科学发展研究中心

续表

序号	调研单位名称
42	广西壮族自治区科学技术协会
43	广西壮族自治区人民政府参事室（文史研究馆）
44	广西壮族自治区人民政府发展研究中心
45	广州大学科研处
46	国防大学军事管理学院
47	国防大学科研部
48	国家发展和改革委员会城市和小城镇改革发展中心
49	中国发展改革报社媒体智库
50	国图智库
51	国务院发展研究中心
52	国研智库
53	黑龙江大学
54	华东理工大学人文社会科学处（社会科学高等研究院）
55	华东师范大学电竞产业发展研究中心
56	华东师范大学非物质文化遗产传承与应用研究中心
57	华东师范大学教育治理研究院
58	华东师范大学民族宗教与国家治理研究中心
59	华东师范大学青少年运动促进健康研究院
60	华东师范大学全球创新与发展研究院
61	华东师范大学人文与社会科学研究院
62	华东师范大学上海城市发展协同创新中心
63	华东师范大学上海市人民政府决策咨询研究基地曾刚工作室（长三角区域一体化方向）
64	华东师范大学上海市人民政府决策咨询研究基地余南平工作室（国际战略与上海发展方向）
65	华东师范大学上海终身教育研究院
66	华东师范大学学术评价与促进研究中心
67	华东师范大学中国现代城市研究中心
68	华蓝设计（集团）有限公司
69	蓝迪国际智库

续表

序号	调研单位名称
70	零点有数
71	南开大学东北亚金融合作研究中心
72	南开大学人文社会科学研究部平台与智库办公室
73	南开大学中国公司治理研究院
74	南宁师范大学人文社会科学发展研究中心
75	清华大学智库中心
76	厦门大学国际关系学院/南洋研究院
77	厦门大学国家语言资源监测与研究教育教材中心
78	厦门大学海洋法与中国东南海疆研究中心
79	厦门大学人才战略研究所
80	厦门大学社科处
81	厦门大学中国（福建）自贸区研究院
82	上海财经大学科研处
83	上海大学人文社会科学处
84	上海对外经贸大学科研处
85	上海工程技术大学上海新工科建设研究中心
86	上海海洋大学党政办
87	上海海洋大学海洋文化与法律学院
88	上海交通大学竞争法律与政策研究中心
89	上海交通大学文科建设处（智库中心）
90	上海交通大学知识竞争力与区域发展研究中心
91	上海交通大学智能传播研究院
92	上海理工大学科技发展研究院
93	上海理工大学宣传部
94	上海立信会计金融学院服务经济与上海国际金融中心建设基地
95	上海立信会计金融学院上海金融科技研究中心
96	上海商学院商务智库中心
97	上海社会科学院
98	上海社会科学院世界中国学研究所
99	上海师范大学社会科学管理处

续表

序号	调研单位名称
100	上海市浦东改革与发展研究院
101	上海体育学院体育科学创新研究院
102	上海戏剧学院全球城市文化协同创新中心
103	上海应用技术大学美丽中国与生态文明研究院
104	四川师范大学人文社科处
105	天津大学人文社科处文科建设办公室
106	同济大学城市发展与管理研究基地
107	同济大学文科办公室
108	西南大学"一带一路"研究院
109	西南大学俄语国家研究中心
110	西南大学社会科学处（社科联）
111	西南大学西班牙语国家研究中心
112	西南大学希腊研究中心
113	西南政法大学科研处
114	西南政法大学中国社会稳定与危机管理研究中心
115	新华社中国经济信息社经济智库部
116	中共上海市委党校（上海行政学院）决策咨询部
117	中国（上海）自由贸易试验区研究院
118	中国传媒大学创新创业教育中心
119	中国传媒大学高教传播与舆情监测研究中心
120	中国传媒大学科学研究处
121	中国传媒大学人类命运共同体研究院
122	中国发展研究基金会
123	中国工程科技发展战略重庆研究院
124	中国宏观经济研究院
125	中国能源建设集团广西电力设计研究院有限公司
126	中国社会科学院上海市人民政府上海研究院
127	中国社会科学院台湾研究所
128	中国社会科学院信息情报研究院
129	中国现代国际关系研究院

续表

序号	调研单位名称
130	中国政法大学拉美法律研究中心
131	中核战略规划研究总院（中核智库）
132	环球国际视频通讯社有限公司智库
133	中央民族大学科研处
134	中央民族大学铸牢中华民族共同体意识基地

附录三　中国智库特色案例*汇编

（一）咨政建言

案例名称：建设外宣重大现实问题研究重镇高地
智库名称：当代中国与世界研究院

　　面对百年未有之大变局与新冠肺炎疫情相互交织的复杂形势，当代中国与世界研究院（以下简称"当研院"）充分发挥在世界舆情、话语研究、传播应用、多语种翻译领域的集约优势，针对外宣重大现实问题开展研究，在咨政方面取得丰硕成果。

　　当研院涉华舆情研究依托多语种和专业数据库平台，对全球舆论涉华和重大突发事件舆情进行监测评估分析。围绕建党100周年等重大外宣主题或热点事件，及时开展专题专项研究。

　　当研院依托对外话语创新基地建设开展中国特色话语建构、翻译、传播标准化建设研究，参与起草中央相关政策文件，为做好新时代对外话语体系建设顶层设计发挥重要作用。持续开展对策型、应用型研究，形成十余份研究成果，并作为阶段性成果纳入当研院承担的国家社会科学基金重大项目，为构建新时代对外话语体系提供智力支持。开展《新时代对外话语体系指标指数研究》专项研究，围绕话语建构、翻译转换、对外传

---

* 特色案例文本由各智库撰写提供。

播等设置一套指标体系，为国际传播能力和效果评估提供量化标准。开展中国话语海外认知度调查专项，策划编制新版《中国话语海外认知度调研报告》，为中国特色话语外译传播建设提供决策支撑和应用指导。

当研院聚焦外宣重大现实问题开展系列研究，积极为中央对外宣传工作提供智力支撑。近两年，当研院围绕治理体系研究、传播力研究和文化影响力研究三大领域，聚焦当代中国与世界、全球治理、国家形象等重点专题，开展精细化应用研究，完成中办、中宣部等委托的60余项专项研究；共建当代中国与世界联合研究中心，开展知识分享计划；参与举办"民主：全人类共同价值"国际论坛、人类减贫经验国际论坛、金砖国家治国理政研讨会暨人文交流论坛、贫困治理与现代化发展国际论坛等，有效提升中国治国理政思想的国际传播效能。发布《中国民主实践与治理效能全球调查报告》《中国国家形象全球调查报告》《2020年度企业形象海外调查》《中国减贫的全球认知和经验启示》报告等重要成果，为国家外宣工作提供研究资源和智力支撑。组建成立外文局国际传播专家咨询委员会，创办《当代中国与世界》智库学刊，创刊号获得相关领导同志的肯定。

当研院整合自身优势，将世界舆情、话语研究、传播应用等业务板块深度融合，形成合力，智力成果服务中央决策的效果不断得到凸显。

案例名称：推动首部国家公祭地方立法施行
智库名称：国家记忆与国际和平研究院

国家记忆与国际和平研究院开展立法调研，既是开门立法的新举措，也是推动咨政建言落地转化的生动实践。《南京市国家公祭保障条例》立法调研，是智库服务立法的一次成功实践。

1. 着眼国家仪式研究，推动宣传思想和文化领域立法

近年来，研究院围绕南京大屠杀死难者国家公祭仪式与爱

国主义教育等文化领域推动多项立法。其中，研究院开展了南京市国家公祭保障条例立法调研和起草工作，推动条例于2018年12月13日施行。当日，中共中央政治局委员、全国人大常委会副委员长王晨表示，条例贯彻全国人大常委会关于设立南京大屠杀死难者国家公祭日的决定和英雄烈士保护法精神，社会关注度高，反映积极正面，是将社会主义核心价值观融入法治建设的实际举措，对其他地方立法具有示范带动作用。①

2. 探索智库服务调研立法实践模式

南京市国家公祭保障条例的起草，首次以智库课题的形式开展，由从事一线法律实务的专家团队执笔，通过文献检索、问卷调查、座谈交流、专家咨询、实地考察等方式，召开了座谈会、论证会30多次，形成了立法前评估报告，在此基础上起草了条例草案，使条例最大限度汇聚社会共识。

（1）坚持依法立法，主动对接中央和国家有关部门。课题组积极向全国人大常委会法工委法规备案审查室、江苏省和南京市人大法制（工）委报送条例草案并进行合法性审查，主动向中央、江苏省相关上级部门汇报条例起草情况并得到充分肯定。

（2）服务科学立法，加强市区联动听取多方意见。课题组听取了南京市宣传、教育、文旅、建邺区政府及属地街道、公检法机关和法学专家等多方意见。看望南京大屠杀幸存者，听取幸存者的意见。借助南京市中级人民法院少年家事审判庭"法律伴我成长"工作平台，到部分中小学召开师生座谈会，听取教师和学生的意见。此外，在南京人大网全文公布条例草案，征求公众意见。

---

① 王晨：《加强地方立法 为推进全面依法治国作贡献》，2018年12月14日，新华网，http://www.xinhuanet.com/politics/leaders/2018-12/14/c_1123855747.htm。

（3）促进民主立法，收集舆情信息回应群众诉求。条例一审后，新华网、《人民日报》客户端、共青团中央微博、新浪、澎湃新闻等多家媒体陆续报道，重点解读了行为规范和法律责任问题。大部分网民高度关注宣扬和美化侵略战争以及侵害南京大屠杀死难者、幸存者合法权益所应承担的法律责任，并希望能在全国推广。课题组顺应群众呼声，提出了禁止任何单位和个人歪曲、否认南京大屠杀史实，侮辱、诽谤南京大屠杀死难者、幸存者等内容，得到社会各界一致称好。

3. 智库参与立法调研、推动立法工作的实践启示

开展立法调研，服务立法工作，是智库发挥咨政建言作用的具体体现，对贯彻落实习近平法治思想、实现全面依法治国总目标具有重要的现实意义。

（1）结合专业，找准切口。立法工作涵盖社会方方面面，智库应发挥专长，紧密结合自身研究领域提供立法咨询服务，以专业、务实、有效的对策建议为立法机关提供"有特色、可操作、真管用"的立法思路。

（2）问题导向，充分论证。立法调研应坚持问题导向，以解决社会和法治领域突出问题为着力点，充分调研问题症结所在，广泛收集社情民意，加强立法前评估和论证，提出依法解决之策。

（3）宣讲解读，持续追踪。智库参与立法活动是一个持续的动态过程，应长期追踪法律实施和各方反馈的情况，组织智库专家开展普法宣讲，为立法机关提供法律法规实施的第三方评估，做好法之必行的"后半篇文章"。

案例名称：着眼全局、立足本职、把握问题，推进专业智库咨政建言

智库名称：商务部国际贸易经济合作研究院

智库建设以来，商务部国际贸易经济合作研究院紧扣时代

脉搏和国家战略，立足商务中心工作，依靠专业团队，产出专业产品，不断提高咨政服务水平。

突出基础研究的储备性。研究院紧密围绕党中央治国理政新理念新思想新战略，从理论上、学理上加强研究、深入阐释，为构建中国特色商务发展理论体系提供理论支撑和智力支持。例如，研究院从数字贸易和数字规则的角度切入，形成新时代流通领域开放发展研究报告，为我国构建新发展格局、建设现代商贸流通体系提供了新的思路，有效服务了我国商贸流通领域理论储备。又如，研究院对近现代中国贸易史进行梳理，充分展现党领导下的百年贸易发展历程，为实现贸易高质量发展，构建新发展格局研究提供丰富史料，为贸易理论创新奠定基础。

突出战略研究的全局性。所谓"不谋全局者不足谋一域"，智库研究要站在时代前沿，聚焦世界格局，洞见未来趋势。例如，构建新发展格局是我国应对错综复杂的国际环境变化的战略举措，体现了中国互利共赢的开放发展理念。自贸试验区作为连接"双循环"的重要平台和关键节点，是促进新发展格局形成的重要抓手和有力支撑。研究院每年发布的《中国自由贸易试验区发展报告》，充分考虑中央赋予各自贸试验区的特色战略定位，在深化改革、扩大开放上进行差异化的探索研究，让各自贸试验区做到百花齐放，为服务国家战略积累创新经验。又如，《区域全面经济伙伴关系协定》（RCEP）的生效实施对提升区域贸易投资自由化便利化水平、推动我国高水平对外开放产生深远影响，研究院发布的《RCEP对区域经济影响评估报告》就RCEP生效后对区域贸易、投资以及经济产业发展的影响进行了全面梳理分析，为RCEP落地实施提供参考。

突出政策研究的前瞻性。智库研究应以问题为导向、以结果为牵引、以政策为落点，做到提早谋划和超前布局，为中央决策提供切实可行的研究成果和解决方案。例如，新冠肺炎疫情对全球造成严重冲击，各国政府的反应对市场影响巨大。研究院及时捕捉美国相关法案对我经济、金融、财政等领域产生的影响，提出应对预案和战略建议。又如，研究院每年发布的《中国对外贸易形势报告》立足我国外贸发展情况，针对之后可能出现的新形势、新问题进行分析研究，为国家宏观决策提供科学依据。

突出与决策部门的互动性。建立与中央决策部门的良性互动关系，是智库能够准确把握问题，提出针对性建议，有效服务中央决策的前提和基础。研究院积极与上级主管部门建立专家咨询、信息共享等互动互学机制，定期组织专题交流研讨会、联合调研等活动，可以有效获得最新信息，发挥智库咨政建言功能。通过双方良好的人才交流机制，让研究人员参与多双边谈判、商务政策规划，有力增强了智库对国家政策的影响力。

案例名称：智库建言：共抗疫 谋发展
智库名称：上海国际问题研究院

上海国际问题研究院（以下简称"上研院"）是隶属于上海市人民政府的高级研究机构和知名智库，连续多年作为中外办（海权办）、国安委、国台办等中央部委的重点合作咨询机构，外交部政策研究重点合作单位，通过扎实调研和系统研究，主动把脉、加强跟踪、积极探索，持续出产高质量的学术研究和智库建言产品。

2020年，新冠肺炎疫情突如其来并在全球蔓延。作为国际问题研究智库，上研院专家团队围绕国际抗疫合作、大国关系和高质量发展等专题，开展国际舆情跟踪和国际形势分析，为加强国际抗疫合作和主动掌握国际抗疫话语权做出了积极贡献。其中以下几个方向的研究工作凸显智库特色。

1. 建言议题紧扣中心工作，积极献策服务大局

一是在全民抗疫和国际疫情蔓延、大国关系变化再现的背景下，上研院主动开展国际抗击疫情及相关动向的跟踪研究，

并开展以学术研究为基础的成果转化。

二是关于美国形势和中美关系的跟踪研究，在中美亟须重建共识之际发挥建言功能，为具有不确定性的双边关系注入更多的确定性。上研院对外发布了5份中美相关系列报告，涵盖中美历史上的战略协作、网络安全和气候变化等，为中美重建桥梁献策。该系列报告获得国际主流媒体评论转载以及外媒的客观理性报道，成为有效传播的外宣产品。

三是关于"一带一路"高质量发展的研究，为推进疫情下及疫情后的"一带一路"国际合作尤其是健康合作等奠定基础。上研院专家团队完成了关于"健康丝绸之路""上海发挥开放枢纽门户功能"等的报告，与普华永道联合发布《"一带一路"驱动力》等专题研究报告，为推进"一带一路"高质量发展贡献了智慧性成果，获得了国际组织和智库同行的高度关注和回应。

2. 建言切实服务上海发展

在上海全面转投复工复产进程期间，上研院主动作为，开拓驻沪总领事会晤新窗口，与美国、韩国、日本、新加坡、伊朗等十余位驻沪总领事深入交流，就有关国家及友城对沪合作等"摸情况"，重点就如何在后疫情时代尽快实现全面复工复产、深化对沪合作等方面提出建议，提报系列内部报告近十篇，包括尽快恢复经济增长，推广"快捷通道"做法，促进人员有序往来为关键点，开拓疫情后的对沪优势领域互补合作，深化企业全面发展等建议，服务上海疫情期间促进国际交流工作。此外，上研院专家团队在疫情期间重点关注上海城市发展目标的研究，"重视疫情对上海2020年建成'四大中心'的影响"，就"开放枢纽门户功能"有关政策设计建言献策；密切跟踪外资企业在沪投资动向等，相关研究成果成为展现上海发展形势和疫情后续影响的重要参考资料。

咨政建言是上研院智库工作的重要特色，也是常态性核心工作。上研院持续开展针对性跟踪研究和系统性研究，将专业工作做出特色，也让特色工作更加专业。

案例名称：观时明是服务特大城市治理，硕果累累贡献高校智库结晶
智库名称：上海交通大学中国城市治理研究院

上海交通大学中国城市治理研究院主办的内部报告是最早聚焦"城市治理"的高校刊物，在研究院"市校共建、举校兴办"的体制优势下，将文、理、工科各院系教学科研人员的长期研究成果，编辑转化为高质量的咨政建言内部报告，围绕特大城市治理中的难点重点问题，向国家、上海及各省市党政领导定向报送"深加工型"文理融合内部咨政报告。五年来，共计报送各类咨政建言700余篇。2020年进一步畅通了向国家建言献策的渠道，报送量及贡献度均名列前茅，围绕特大城市城乡关系、特大城市与碳达峰、特大城市与海洋保护、特大城市的疫情防控等领域报送近百份专报，持续打造高校智库中的咨政建言品牌。

研究院内部报告秉持"观时明是、立己达人"的建设使命，打造兼具业务力、服务力、时务力等"一核两面"能力的编辑人才团队。运行至今，基本形成了"常刊+特刊+专刊+增刊+集刊+年刊+快刊"等多元化的刊物体系，逐步建立并完善了选题发布、分类收稿、修改沟通、报送投递、批示反馈、稿酬奖励等全流程的制度体系。

研究院通过咨政建言助力特大城市的经济社会发展，紧跟时事热点，辅助政府的应急决策和常态化决策。例如，在特大城市的疫情治理领域，院内部报告编辑部自2020年1月19日起即主动约稿，针对特大城市的人口密集特点和重要场所防疫要点，向上海市及国家同步报出第一份专报并得到肯定后，持续报送稿件169篇，有效助力了全国各省特大城市的防疫信息化、社区/机场防疫工作。例如，关于"以城市为单位"开展疫情防控的建议，分析了城市内及城市间的人口流动规律，相关观点被用以优化超特大城市的疫情防控政策。

在常态化的特大城市治理领域，院内部报告涉及特大城市的高质量发展、垃圾治理、产业民生等众多主题，服务各省超大城市建设和社会发展的实效明显，所提建议或被吸纳入规划、政策，或切实推动重要工程建设。例如，关于城市高质量发展、城市资本活力的专报，分别获得北京、青岛、济南、广州、宁波、长沙、深圳等城市党政领导的肯定，直接服务于其城市治理政策优化；关于5G通信基站节能降耗的对策建议，报送至上海、杭州及广州等城市，引起领导高度关注，召集相关部门专题讨论基站节电问题，并着手部署具体落实工作。此外，在推广特大城市治理经验方面，研究院特邀上海养老服务立法专家，提交关于如何健全基本养老服务体系的专报，相关观点被吸收进国家养老服务顶层设计，统一需求评估等经验得以在其他特大城市复制推广；关于介绍"信托制"物业管理模式的专报，获多个省市主要领导肯定，多位领导带队考察学习，服务于各省份及特大城市物业治理顽疾的解决；关于介绍徐汇旧改、松江G60科创走廊的专报，为其他特大城市落实人民城市和新发展理念提供了有益经验及借鉴样本。

案例名称：积极撰写咨政报告服务党和国家港澳工作决策
智库名称：深圳大学港澳基本法研究中心

深圳大学港澳基本法研究中心是全国最早独立设置的专门从事港澳基本法研究的科研实体机构，"服务党和国家港澳工作大局"是中心的两大宗旨之一。中心拥有两个优势：一是深圳毗邻港澳，具有天然地缘优势和长期研究港澳问题的学术积淀，中心一直积极稳妥开展与港澳学界特别是法学界和法律界的交流合作，研究人员熟悉港澳区情、政情、民情，基本法学术研究"接地气";二是中心和中心人员积极参加国家涉港澳工作部门有关港澳工作的座谈会、内部研讨会,承担有关"一国两制"和基本法的委托研究课题,承办有关中央港澳治理工作部署及基本法研究热点焦点问题的高端学术会议或论坛,能够始终正确把握国家和港澳形势大局,坚持正确政治方向和学术方向,树立政治意识、大局意识、问题意识,全面准确理解和贯彻党和国家对港澳工作的基本方针及政策,敏锐把握"一国两制"在实践中遇到的新情况和新问题,不断总结深化基本法的理论与实践研究。

中心围绕国家港澳工作大局和基本法实施的重大实践需要,产出了一批具有战略性、前瞻性和对策适应性的咨政成果。此外,中心研究人员多次参加有关港澳工作的专家座谈会或者工作会议,为相关重大专项工作提供研究咨询服务。

中心始终重视"一国两制"和基本法的基础理论研究,立足建立具有广泛共识性的基本法理论体系,不断追求理论研究创新和研究方法创新,贯彻落实多学科、跨学科思维,凝练跨学科优势,已形成基本法研究的深圳大学特色和品牌优势;在开展基础理论研究的同时,又及时回应实践需求,高度重视对策性、应用型研究,坚持目标导向、问题导向和学术导向的有机统一,突出对策研究的针对性、实效性和可操作性,注重提升科研快速反应能力和科研成果转化能力。

案例名称:为强国建言,为兴川献策
智库名称:四川省社会科学院

咨政建言渠道建设是四川省社会科学院(以下简称"四川院")智库建设的核心工作之一。四川院以两种内部报告形式为主,向四川省委省政府报送政策建议。

四川院根据国家战略、四川省委省政府中心工作、社会热点和难点问题等发布智库指南,科研人员可以围绕智库指南进行选题，形成相关建议后通过《川社科研》《天府智库》以及相关渠道报送中央、四川省委省政府，相关部门会邀请部分作者参与座谈或进一步调研，推动科研成果进一步落地落实。

除了深耕四川，四川院还主动作为、服务国家区域发展战略，根据地处中国西部的实际，重点组织对脱贫攻坚、成渝地区双城经济圈建设、民族地区发展等重大问题进行深入研究，取得了一批高质量成果。

四川院着力加强涉藏地区研究，跟随国家战略目光，围绕民族地区稳定发展，长期进行深入调研和密切跟踪，为推动涉藏地区发展提供了智力支持。凉山彝区是脱贫攻坚的重点、难点，四川院结合自身在凉山彝区承担脱贫攻坚任务并派出多名科研人员在凉山彝区帮扶的实际，积极为凉山彝区脱贫攻坚、经济社会发展建言献策。

汶川地震之后，四川院成立了震灾研究中心，组织研究灾难学。在芦山地震、九寨沟地震发生后，组织专家学者深入灾区调研，形成了大量的调研成果。四川院学者作为专家组成员参与四川省减灾委组织的"8.8"九寨沟地震灾损情况评估项目等活动，形成的研究报告获得多位省领导肯定，在国家制定灾后恢复重建规划和推动相关工作中，起到了重要的参考作用。

案例名称：孟中印缅研究成果转化升级为国家发展战略

智库名称：云南省社会科学院 中国（昆明）南亚东南亚研究院

1980年建院以来，云南省社会科学院立足独特的区位优势，坚持南亚东南亚研究特色，于2015年9月挂牌成立中国（昆明）南亚东南亚研究院，主动服务和融入国家发展战略，积极发挥咨政建言作用。"十三五"以来，累计向相关部委和云南省委、省政府报送了智库成果3073篇；在《亚太研究》《南亚研究》等全国权威核心期刊发表论文238篇；在《人民日报》《光明日报》等全国权威报刊发表高质量理论文章46篇。其中，孟中印缅研究成果转化升级为国家发展战略，成为地方智库服务中央决策的经典案例。

孟中印缅地区合作是四国推动开放合作的重要构成内容。23年来，经过孟中印缅四方智库长期不懈的努力，孟中印缅地区合作经历了从无到有、从小到大、从弱到强、从立足四方到面向南亚东南亚的发展演变过程，在凝聚四国共识、推动全方位务实合作发展等方面发挥了积极作用。

孟中印缅地区合作的缘起。为加快孟中印缅地区经济合作进程，积极探索四方合作新机制、新路径和新模式，1999年8月，云南省政府经济技术研究中心和云南省社会科学院共同策划，助推首届"中印缅孟地区经济合作与发展国际研讨会"在昆明成功举办，与会四方代表签署了《昆明倡议》，标志着孟中印缅合作的正式启动。

孟中印缅地区合作的演进。2002年2月，第三届会议在孟加拉国首都达卡举行，按国际惯例以各国英文名称首字母排序，将"中印缅孟地区经济合作论坛"改为"孟中印缅地区经济合作论坛"，并发表了《达卡声明》，提出由"二轨"向"一轨"推进。2012年2月，在第十届会议上，又更名为"孟中印缅地区合作论坛"，合作内容由经济领域拓宽至政治、科技、文化、医疗、社会等多个领域。

"孟中印缅经济走廊"的提出与发展。2013年，经过四国智库14年的共同努力，"孟中印缅经济走廊"被写进中印两国发表的《中印战略合作伙伴关系未来发展愿景的联合声明》中，正式上升为中印两国政府的共识，也得到孟加拉国和缅甸的支持。同年12月，四国在昆明举办了"孟中印缅经济走廊联合工作组第一次会议"，正式建立四国政府推进经济走廊合作机制。2015年，"孟中印缅经济走廊"被写进中国发布的《推动共建丝绸之路经济带和21世纪海上丝绸之路的愿景与行动》，成为

"一带一路"倡议框架下六大经济走廊之一。截至2019年年底，云南省社会科学院、中国（昆明）南亚东南亚研究院专家学者与各国代表共举办14次孟中印缅地区合作论坛，围绕互联互通等重要议题，共同提出了昆明—曼德勒—达卡—加尔各答经济走廊构想，推动论坛先后发表了《昆明倡议》《达卡声明》《仰光声明》《昆明声明》《德里声明》《内比都声明》等重要文件，为推动孟中印缅合作机制不断深化发展发挥了重要作用。

23年来，孟中印缅地区合作由最早的学术研讨，逐步发展成为合作机制，最终上升为我国的发展战略。这一演进过程，充分凝聚了云南省社会科学院、中国（昆明）南亚东南亚研究院和各方专家学者的智慧和力量，是智库专家切实发挥咨政建言作用的典型案例之一。

案例名称：组织"企业成本"等品牌调研咨政建言，成果受有关决策部门重视肯定
智库名称：中国财政科学研究院

2015—2021年，围绕经济社会发展的现实问题，中国财政科学研究院（以下简称"财科院"）组织六次"企业成本""地方财政经济运行"大型品牌调研，深入开展实地调查研究，为决策咨询研究提供科学依据和坚实支撑。调研相关成果得到有关决策部门的重视和肯定，有效提升了财科院的决策影响力和社会影响力。

1. "企业成本"全国大型调研

自2015年12月中央经济工作会议提出抓好"降成本"的任务以来，财科院紧紧围绕党中央、国务院的重大决策部署和财政部中心工作的安排，连续六年举全院之力，围绕中央提出的供给侧结构性改革任务中的"降成本"问题，精心策划组织面向全国实体经济企业的"降成本"大型调研活动（根据形势变化，2020年及以后改为"企业成本"调研）。调研对企业成本情况进行全方位、多维度的考察和分析，为研判形势、防范风险、制定政策提供科学的智力支撑。

调研活动全面深入，通过典型地区与企业的实地调研和在线问卷调查分析，调研组累计撰写了55份达160万字内容翔实的报告，为研判形势、防范风险、制定政策提供了科学的智力支撑。2016—2020年调研成果均已正式出版发行，2021年调研成果已对外发布即将出版。2018年3月，全国政协第十三届一次会议经济界别分组讨论时，委员们专门讨论了《关于我国营商环境的情况调研》的专题报告。财科院荣获2018中国智库咨政建言"国策奖"，入选中国智库索引（CTTI）2018年度精品成果，有力地服务决策。《人民日报》、新华社、《经济日报》等中央媒体对调研成果多次进行专题报道。

2. "地方财政经济运行"大型调研

2015—2020年，财科院连续6年开展"地方财政经济运行"全国大型调研，调研不仅从面上了解地方财政经济的运行情况，而且还对深层次的社会经济问题进行理论上的分析和制度上的探索。

为贯彻落实党的十九大和十九届二中、三中、四中、五中全会精神，根据财政部党组关于财政科研工作要更好地"为党的中心工作服务、为现实服务"的指示要求，先后以"转移支付"为主题，结合财政经济运行特点及区域分化等问题，调研以转移支付为切入点，以期探索财政经济形势背后的体制原因；关注新冠肺炎疫情冲击下，中央出台包括"六稳""六保"在内的一揽子宏观政策的实施效果以及地方财政经济的运行态势，力求摸清情况、发现问题、评估风险、探寻对策。调研成果得到相关决策部门肯定。

"企业成本"和"地方财政经济运行"作为财科院两项延续性年度大型调研活动，通过不断完善组织模式，创新调研方式，相关成果得到有关决策部门的重视和肯定，已成为财科院的品牌，有效提升了财科院的决策影响力。财科院将继续以习近平新时代中国特色社会主义思想为指导，将推动我国改革、发展、稳定重大理论和实践问题作为主攻方向，深化研究内容，为决策咨询提供科学依据和坚实支撑。

案例名称：在"中美经贸关系""共建'一带一路'""粤港澳大湾区"等国家重大决策中发挥突出作用
智库名称：中国国际经济交流中心

中国国际经济交流中心作为首批国家高端智库建设试点单位，始终坚持以习近平新时代中国特色社会主义思想为指导，始终把服务国家战略决策作为工作重中之重，不断聚焦国家现代化建设全局和经济社会发展重大战略，深入开展战略性、前瞻性、对策性研究，在服务党中央决策、服务党和国家工作大局中发挥了重要作用。

第一，围绕"一带一路"开展有关研究，为国家战略建言献策。2014年，中心相关成果转化为《愿景与行动》，并获2015年度国家发展和改革委员会优秀研究成果一等奖。先后承办两届"一带一路"国际合作高峰论坛智库平行分论坛，撰写的《"一带一路"：文明交流互鉴的连心路 共同美好生活的圆梦路》、与国家开发银行合作撰写的《"一带一路"贸投指数报告（2017）》在第一届分论坛上发布；承担起草的《共建"一带一路"倡议：进展、贡献与展望》（白皮书）被翻译成8种语言在第二届高峰论坛上发布；承担的"中老中缅经济走廊研究与规划编制"被纳入第二届高峰论坛成果清单。

第二，围绕中美关系大局建言献策。中心自成立以来就高度重视中美经贸关系问题，组织专门研究队伍长期从事研究，设立美欧研究部作为主要研究平台，开展相关工作。一是每年设立中美经贸关系方面的重点课题，对中美长期性、战略性、综合性问题开展研究。二是承担有关部门委托任务，提供具有针对性、可行性、前瞻性的研究报告。三是长期对中美的一些热点、焦点、难点问题开展跟踪研究。四是结合中心"二轨"对话等国际交流活动，对中美议题开展研究。五是与国外著名智库开展联合研究，形成具有一定深度和社会影响力的研究成果。相关成果上报有关部门，为国家制定对美经贸关系战略和政策提供了重要参考，为相关部门开展对美经贸谈判提供了重要支撑。

第三，关注区域发展，推动形成有关国家区域战略。2016年，中心承担了《粤港澳大湾区合作发展规划研究》项目，成果为《粤港澳大湾区发展规划纲要》的出台提供了重要决策支持与参考。成果中提出的一些新概念、新思路、新平台等，相继被列入大湾区建设日程。成果直接支撑了四方合作协议、深圳先行示范区等重要文件，推动大湾区建设走深走实，并获2019年度国家发展和改革委员会优秀研究成果一等奖。后续对成果持续深化研究，开展了深港科创合作示范区、粤澳深度合作区等战略研究，推动形成了大湾区几大重要平台，提出了一系列创新发展的政策举措。中心已成为推动大湾区发展的重要力量。

案例名称：聚焦行政改革领域，做党和国家决策的好参谋
智库名称：中国行政体制改革研究会

中国行政体制改革研究会成立以来，在中共中央党校（国家行政学院）的指导和支持下，按照建设行政改革领域中国特色新型专业化智库的目标要求，紧紧围绕党和国家中心工作，把为党中央、国务院提供决策咨询服务作为首要任务和重点工作，取得了一大批有价值、有影响的研究咨询成果。

研究会具有做好决策咨询的独特资源。研究会的成立得到了国务院领导的重视和支持。业务主管单位中共中央党校（国家行政学院）是首批国家高端智库建设试点单位之一，研究会是国家高端智库建设的重要组成部分。研究会凝聚了全国各级党校（行政学院）、高校等系统公共管理领域专家学者，以及党政部门领导干部。研究会创会会长魏礼群具有丰富的决策咨询经验，是中国智库建设的领军人物。

研究会围绕国家改革发展中的战略性问题，以及改革中的热点难点问题开展决策咨询研究。近年来，承担并完成中央有关部门交办的多项研究任务，中央马工程、国家社科基金、国家高端智库委托的重大项目，行政改革研究基金支持立项的重点课题，有关国家部委、地方政府、企事业单位委托的咨询课题，形成研究报告 300 多件。一大批有价值、高质量的研究成果被吸收到有关决策、文件和政策中，直接推动了相关部门、地方和单位的工作，产生了良好的社会效益和影响。如，《关于全面实施"大数据治国"战略的建议》为推动国家层面颁布《促进大数据发展行动纲要》、推动大数据治国战略的制定和施行发挥了重要作用，《中国特色官邸制研究》为党的十八届三中全会提出"探索实行官邸制"提供了智力支持，《嘉善县域科学发展示范点建设实施进展情况第三方评估》为国家发改委制定新一轮嘉善改革发展方案提供了智力支持。

研究会建立了完善的决策咨询课题立项和管理机制。研究会执行局设立了专门的课题管理部门，组织强有力的专家团队开展研究，注重开展调查研究、确保理论与实际相结合，注重加强课题研究的中期检查和结项评审，注重听取相关领域专家意见，确保课题研究质量。研究会所有课题研究都把政策解读、理论研究和实地调研紧密结合起来，有完善的调研流程和推进计划，对于价值比较高的研究成果，及时通过适当渠道报送有关部门决策参考。

研究会针对改革领域中的重点热点难点问题不定期召开学术研讨会。其中，中国行政改革论坛已成功举办十届，成为知名学术品牌，先后举办了 60 多场专题研讨会和座谈会，汇聚众多党政部门领导、知名专家学者和有关方面代表，围绕行政体制改革和政府治理创新理论和实践问题进行深入研讨，产出了一大批有价值、有创见的观点和思想，服务了党政决策，推动了理论创新。

案例名称：依托雄厚科研实力，在国际问题领域为国建言
智库名称：中国社会科学院国家全球战略智库

中国社会科学院国家全球战略智库凝聚中国社会科学院国际研究学部各研究所（院）雄厚的科研实力，发挥国家高端专业性智库优势，在国际问题领域为国建言。

智库坚持基础理论研究与应用对策研究相互促进、融合发展。一方面注重立足中国视角、中国理念和中国案例，进行"把学问写在中国大地上"的理论创新，积极回应时代重大课题，推动应用对策研究的理论升华，形成重量级的理论成果；另一方面，智库致力于开展基于理论创新的应用对策研究，积极推动基础理论研究的应用对策转化，形成具有决策参考价值和政策影响力的研究成果。

智库与相关部委建立常态合作机制，对重大问题及时提供高质量的决策参考。在研究工作中，注意保持与政策界、实业界、学术界同仁等各方面的密切联系，以召开学术研讨会、开展实地调研和合作研究等多种形式，增进研究人员对理论指导实践、实践检验和完善理论的自觉性和敏锐性。智库每年完成诸多受托建言任务，不少政策建议在不同层面或领域发挥重要作用。

智库注重在日常运营管理中以制度建设为促进咨政建言中心工作提供保障。在研究人员的职称晋升中，强调基础理论研究的根基作用，把必须要达到在研究所和智库学术委员会制定的 A 类学术期刊上的发文数量作为申报门槛。为进一步推动高水准的应用对策研究，同时大幅提升应用对策研究成果在职称晋升评价标准中的权重，鼓励两类研究融合发展、齐头并进，充分调动科研人员从事两类研究的积极性。加强管理型人才在智库工作中的协调统筹和服务。出台完善人才、经费、考核等适应智库工作的各项管理制度，对年轻人才给予重点扶持，加强学习与调研，借鉴国内外知名智库的经验，为进一步做好咨政建言工作打下坚实基础。

案例名称：发挥覆盖全球的研究优势，在国际金融、宏观决策等领域持续为国家建言献策
智库名称：中国银行研究院

近年来，中国银行研究院发挥全球化布局优势，深耕国际金融研究，理论与实践相结合，积极建言献策，为我国金融业和经济社会发展做出了突出贡献。

第一，积极承担重大紧急研究任务，理论与实践相结合，服务国家宏观决策。作为国内首家银行智库，中国银行研究院始终不忘初心，主动担当，完成了一大批具有较高水平的研究成果。"十三五"时期，中国银行研究院立足新发展阶段，提前谋划，完成了中美贸易摩擦、英国脱欧、人民币国际化、"一带一路"、增长动能转换、产业转移、"双循环"新发展格局等一系列重大问题研究，累计上报研究报告近400篇。其中，全球货币政策环境的影响与应对、对当前外贸形势的看法和政策建议、港元贬值的原因分析及政策建议、融资难融资贵专题报告和G-SIBS永续债发行经验及启示等多项研究成果得到转化应用。

第二，搭建全球化研究体系，进一步发挥合力，更好地服务国家经济金融发展大局。为更好服务国家决策和集团发展，2019年中国银行有效整合全辖研究资源，组建中国银行研究院。目前，中国银行的研究力量已覆盖伦敦、纽约、香港、新加坡、东京、悉尼和法兰克福等国际金融中心。同时，为更好服务国家区域重大战略，中国银行在长三角、大湾区、长江经济带、海南等重点区域设立了研究机构，着力为长三角区域一体化发展、粤港澳大湾区、深圳先行示范区、长江经济带、自贸区（港）建设等提供融智服务。此外，还设有全球金融市场、行业规划、金融科技、理财、基金和证券等专业性研究中心，开展持续深入的应用型研究，为相关行业发展的政策制定提供智力支持。全球化、专业化研究体系的搭建，有助于加强海内外联动、发挥集合效应、实现优势互补，更好地服务国家发展大局。

第三，发挥国际金融研究特色优势，搭建学术研究和交流平台，为我国金融改革开放提供决策参考。改革开放以来，中国银行进一步发挥国际金融研究特色优势，加强国内外交流与合作，为专家学者提供高水平学术交流平台。《国际金融研究》《国际金融》两本学术期刊聚焦国际金融前沿理论与热点问题，围绕党和国家重大决策部署，不断加强选题策划和组稿约稿力度。同时，积极发挥中国国际金融学会的平台作用，积极组织开展各种类型的交流研讨和学术论坛活动。每年举办的中国国际金融学会年会已成为我国国际金融领域的全球化高端学术交流平台，多次邀请诺贝尔经济学奖获得者等全球知名专家学者参加，共议全球经济金融问题，加强中外学术交流，进一步传播中国声音。

未来，中国银行研究院将坚持以习近平新时代中国特色社会主义思想为指导，传承百年研究历史，发挥全球化和综合化优势，持续做好经济金融重大理论和实践问题研究，在国际金融、宏观决策等领域持续为国家建言献策，为建设新时代全球一流银行智库不懈努力。

案例名称：求真务实、服务大局，发挥民间智库独特作用
智库名称：中信改革发展研究基金会

中信改革发展研究基金会（以下简称"中信基金会"）秉持

"研究真问题、真研究问题、拿出真见解"的"三真"学风，求真务实，紧紧围绕党和国家工作大局，做好智库各项工作。中信基金会坚持党的领导，狠抓党建促发展，认真贯彻落实习近平新时代中国特色社会主义思想，定期学习习近平总书记重要讲话及中央文件精神，用学习成果指导基金会智库工作。重视围绕党的重大活动、重大主题开展研究、阐释工作——2021年，围绕习近平总书记"七一"重要讲话，组织专家对讲话中提出的一系列新的重大思想、重大观点、重大论断进行阐释，形成一批优秀成果并上报，得到有关部门的重视；举办"学习总书记'七一'重要讲话精神，坚持以人民为中心"研讨会、"构建新发展格局的金融支持"研讨会等活动，就总书记"七一"重要讲话开展专项研究。

中信基金会高度重视中央决策部门和国家高端智库理事会交办的课题和任务。接到题目后，反复研究、多轮沟通，选出合适的课题负责人，配好研究团队；主动联系交办部门，紧贴需求开展研究；严格执行课题项目管理办法，由项目办公室对课题进行全流程监督和管理，保证课题任务按时保质完成。为进一步做好课题研究，专门组织召开智库课题工作座谈会，及时总结好的经验做法，深入探讨"如何坚持正确的政治方向，贯彻中央战略部署""如何深入调查研究，掌握一手材料""如何与交办部门做好沟通，把握课题的要点和要求""如何实行课题负责人制度，发挥协同机制，增强时效性"等议题，不断提高课题研究质量，提升咨政建言水平。自成为国家高端智库建设培育单位以来，中信基金会累计认领国家高端智库重点课题百余项，承担有关部委办交办任务若干项，在国企改革、科技创新、装备制造、金融服务、网络安全、地区治理、国际战略等领域形成一定研究优势，相关成果获得较高评价。

中信基金会建立特色内刊体系，积极建言献策。同时，拓建多种形式发布咨政研究成果。指导发行中文核心期刊《经济导刊》,着力推介中国学派代表,推出一批中国学派代表人物的学术成果,努力改变盲目推崇西方理论的风气,推动构建中国特色社会主义话语体系,学术影响力不断扩大。指导出版发行"中国道路丛书""中国学派集成""文化交锋丛书"等书籍60余种,社会反响热烈。其中,王绍光的《中国崛起的世界意义》被中宣部评为2020年度中国好书,朱云汉的《全球化的裂解与再融合》入选中宣部"奋进新征程 建功新时代"好书荐读书单。

中信基金会努力成为研究问题的平台、建言献策的渠道、正面发声的窗口、对外交往的桥梁和凝聚健康力量的阵地,发挥社会智库独特作用。

(二) 理论创新

案例名称:植根于实践的可持续性理论创新研究范式
智库名称:北京师范大学一带一路学院

理论来源于实践,理论创新也必须建立在实践创新的基础之上。习近平总书记强调,要"坚持实践第一的观点,不断推进实践基础上的理论创新","只有聆听时代的声音,回应时代的呼唤,认真研究解决重大而紧迫的问题,才能真正把握住历史脉络、找到发展规律,推动理论创新"。

北京师范大学一带一路学院的重要理论创新研究成果之一——《新兴市场国家的综合测度与发展前景》在理论实践互动中做出重大贡献:一是初步构建起了一整套关于新兴市场国家研究的新的基础理论,初步确立了作为世界上最大的新兴市场国家的中国在新兴市场国家理论研究方面的话语权,并具有一定的引领性;二是在新构建的关于解释新兴市场国家发展的基础理论的基础上,从规模总量、制度环境、经济增长、社会经济结构和发展动力五个维度构建综合指标评价体系,通过定性和定量相结合的方法，从世界183个有系统数据的国家（地区）中遴选出了30个新兴市场国家，十分清晰地确定了新兴市场国家的现实边界，解决了长期以来在新兴市场国家定义上的模糊性问题。

这是一项与此前相关研究结果都不同的新成果，期盼在世界经济动能转换期，能为"做好同发展中国家团结合作的大文章"垫石铺路，有助于理解和贯彻习近平新时代中国特色社会主义外交思想。这30个新兴市场国家，基本上代表目前世界上发展比较好的一批发展中国家，包括亚洲的13个国家（中国、印度、印度尼西亚、伊朗、哈萨克斯坦、马来西亚、巴基斯坦、菲律宾、沙特阿拉伯、泰国、土耳其、乌兹别克斯坦、越南）、拉丁美洲的9个国家（阿根廷、巴西、智利、哥伦比亚、多米尼加、厄瓜多尔、危地马拉、墨西哥、秘鲁）、非洲的5个国家（埃及、加纳、摩洛哥、南非、突尼斯）、欧洲的3个国家（波兰、罗马尼亚、俄罗斯）。30个国家的总人口数量占全球近2/3、国土面积占近1/2、经济总量占1/3，正在对全球化产生愈加重要的影响，将继续为全球经济增长提供最重要的动力，并对各自区域的社会经济发展发挥越来越大的作用。

理论思想通过会议推广。《新兴市场国家的综合测度与发展前景》发表后，学院于2018年开始举办每年一届的"新兴市场三十国论坛"，截至2021年已举办四届，邀请世界银行、亚洲开发银行等国际金融机构的高级官员以及来自30多个国家的政府部门的中级官员对此问题进行深入研讨，已经使这篇文章的基本思想在新兴市场国家和发展中国家得到了初步传播。

持续研究获国家资助。在已有的理论创新成果基础上，学院分别于2019年年底获国家社会科学基金重大项目、国家社会科学基金"一带一路"研究专项立项，于2021年获国家发改委《共建"一带一路"的重大理论研究》项目立项，项目的开展有利于进一步促进理论创新的深化，为推动"一带一路"高质量发展相关政策的提出奠定理论基础。

案例名称：空间政治经济学研究大国发展
智库名称：上海交通大学中国发展研究院

中国发展研究院是一个政策性研究平台，致力于为中国社会经济发展提供理论和实践的咨询，为制定公共政策提供研究依据，推动建立中国特色的经济学政策研究创新体系。研究院直面国家重大需求，开展学术研究、政策研究，执行院长陆铭教授是上海交通大学特聘教授、教育部长江学者。他的研究主要着眼于城乡和区域发展，通过分析中国的制度背景对于经济和人口空间布局的影响，对国内市场一体化、城乡发展、区域发展提供政策建议。相关研究成果支撑了中国有关土地、人口和城市发展多方面的改革实践。

经过20年的努力，陆铭教授发展了空间政治经济学这个研究方向。这个研究方向结合空间经济学和中国的制度背景，提出了能够解释中国城乡和区域发展的理论框架，并对中国经济体制性结构性问题的产生提出了基于空间经济学的分析。空间政治经济学的研究具体有三个方面：（1）在城市层面，为解释经济和人口的集聚提供新的理论基础和经验证据；（2）在区域层面，研究行政干预如何影响空间资源配置效率和区域协调发展；（3）在国家层面，将中国区域经济发展置于统一货币区的框架之下，研究中国经济体制性结构性问题的来源，并提出改革方案。

研究院在研究中提出，生产要素的市场化配置，特别是劳动力在城乡间和区域间的自由流动，是区域经济协调发展的关键，可以使经济"在集聚中走向平衡"，有利于国家实现兼顾效率与平等的目标。这一主要结论为国家新的区域发展方向——"在发展中促进相对平衡"提供了理论和实证的依据。在城市发展方面，陆铭教授提出应深化户籍、土地等制度改革，促进流动人口市民化和公共服务均等化，对城市建设用地进行跨地区的再配置，从供给侧入手顺应人口流动的方向，使中心城市和城市群更好发挥引领经济发展的作用。由于陆铭教授的研究对于中国的城乡和区域发展相关政策具有重大的实践意义，他应邀出席了习近平总书记在2020年8月主持召开的经济社会领域专家座谈会，以及时任上海市委书记李强主持召开的关于"十四五"规划的专家座谈会，为国家和地区发展建言献策。

研究院积累了关于中国城市、企业和个体层面的多维数据。尤其是在大数据的研究中，已经形成了有关中国城市体系和网络结构以及中国城市内部空间结构的多维大数据。研究成果发表于国内外的重要期刊，出版《空间的力量》等学术著作。陆铭教授还特别注重科普，出版了《大国大城》学术畅销书，在经济学、人口学、地理学、规划学等学科产生了广泛的影响，成为各级政府和产业界广泛阅读的书籍。

目前，研究院正进一步拓展有关空间政治经济学的研究，致力于在统一货币区的视角之下来研究中国经济，形成一个能够分析空间资源配置、政府债务、外向型经济发展等问题的综合框架。在研究方法上，研究院在两方面进行深化：一是运用结构方程来估计经济资源的空间错配及其对中国经济结构的影响；二是引入大数据的分析方法，对城市内部和城市之间的空间结构进行评估，对城市群、都市圈和大城市的发展提供相关的政策建议。这些研究方向既能够拓展现代经济学研究，又深入中国实践，综合了微观计量经济学、宏观经济的结构模型和大数据等多种量化研究方法，让现代经济学的理论方法在祖国大地上开花结果。

案例名称：研究中国实践、阐述中国智慧、构建中国特色国际法理论体系
智库名称：武汉大学国际法治研究院

国家高端智库武汉大学国际法治研究院继承国际法研究所

重视综合研究国际公法、国际私法、国际经济法及比较法的传统与优势，以建设中国特色国际法理论体系为目标，围绕习近平法治思想制度化、全球治理民主化、战略新疆域规范化、"一带一路"法治化、我国对外关系法体系化等主题，采取比较研究、法理总结、实证分析、利益衡量等方法，系统总结中国对国际法治的贡献，深化、优化中国特色国际法理论体系。

主张通过国际法律共同体推动构建人类命运共同体，代表性成果《国际法治与中国法治建设》和《国际法本体论》（第二版）获得教育部高等学校科学研究优秀成果（人文社会科学）二等奖，《人类命运共同体的国际法构建》获全国哲学社会科学工作办公室"国家社科基金优秀文章"和湖北省社会科学优秀成果一等奖。主张通过立法共商、硬法共建、良法共享和法治共进来加强人类卫生健康共同体建设，为我国参与《大流行病公约》制定和应对国外涉疫法律诉讼提供理论支撑。

率先提出设立"一带一路"国际争端解决机构的构想，系统论证其性质定位、法律架构、设立路径和相关法律配套，为"国际商事争端预防与解决组织"在2020年10月正式成立与落地实施提供了重要理论支撑，这是在法律领域由中国主导成立的第一个国际组织，武汉大学与中国国际私法学会因此应邀成为该国际组织的发起单位。

积极参与网络、外空、极地、深海等新疆域的国际规则制定。在世界互联网大会乌镇峰会主持发布《网络主权：理论与实践》系列成果文件，主张《联合国宪章》确立的主权平等原则适用于网络空间，清晰界定并系统阐述网络主权的概念、适用原则，增强了网络主权的国际法属性。

率先提出加强中国法域外适用体系建设，建议从制度的合理性、有效性、综合性、差异性、国际性五个方面，加强对国内法域外适用的法理研究。主张坚持全面依法治国原则、国际法原则、合理性原则和问题导向原则，从立法、执法、司法、守法四个维度逐步推进才能完善中国法的域外适用体系。

率先提出构建中国对外经济制裁法律制度，主张遵循法治化路径建立《反国外制裁法》缓冲机制，合理划定《反外国制裁法》的域外适用范围、确定"歧视性限制措施"的范围、增加违法责任的减轻和豁免规则、限定索赔诉讼提起条件。

构建中国特色、世界影响的国际私法理论体系。代表作 Conflict of Laws in the People's Republic of China（《中国冲突法》）一方面充分肯定中国国际私法立法、实践与理论取得了长足进步，另一方面认为中国国际私法只是部分实现了国际化、简便化和现代化，主张在平衡国家主权与效率、地方保护与国际礼让、国际主义与国内主义的基础上进一步完善中国的冲突法制度，以此引领全球国际私法的发展。英国著名国际私法教授 Paul Beaumont（保罗·博蒙特）认为"这是一本能让英语世界准确全面理解中国国际私法的最新优秀著作"。该书先后获得第十一届湖北省社会科学优秀成果奖一等奖、第八届高等学校科学研究优秀成果奖（人文社会科学）一等奖。

以上成果是秉持立足中国、借鉴国外，挖掘历史、把握当代，关怀人类、面向未来的理念，坚持理论与实践相结合、历史与现实相关照、国际法与国内法相融通的结果。

案例名称：以努力建设"三大理论学派"为基础，实现国际问题研究理论创新，建设国际问题研究学术殿堂

智库名称：中国社会科学院国家全球战略智库

"十三五"时期，中国社会科学院国家全球战略智库的学术理论研究以世界经济和国际政治领域全局性、战略性、前瞻性重大理论和现实问题为主攻方向，坚持正确的政治方向和学术导向，服务党和国家工作大局，着力推进中国特色世界经济理论学派、中国特色国际政治理论学派、中国特色全球治理观学派的建设，实现国际问题研究理论创新，努力建设国际问题研究学术殿堂。

中国特色世界经济理论是开放经济条件下中国特色经济理论的重要组成部分,也是世界经济学界的重要议题。中国特色世界经济理论立足于从当今世界的重大经济现象中寻找规律,从规律中构建统一的概念和理论体系,并用该理论来回答世界经济面临的各种重大问题。

中国特色国际政治理论研究中国特色的国际政治观,并为其提供理论基础。中国进入新时代,世界面临百年未有之大变局。人类迫切需要培育新的国际政治文明,以克服霸权主义、零和博弈等陈旧理念。中国提出国际关系和全球治理的新理念、新方案,超越了传统西方国际关系理论,为国际政治文明进步带来了机遇。

中国特色全球治理观以中国参与全球治理进程的实践及与"两个结合"相契合的国际治理与合作理念为主要研究对象,提出具有主体性、原创性的理论观点。中国已是全球治理秩序的主要塑造者之一,需要从理论上向世界阐释清楚中国的全球治理观和治世之道。

当前,智库在努力建设三大理论体系的基础上,进一步将其拓展为建设中国特色世界经济理论、中国特色国际政治理论、中国特色全球治理观、总体国家安全观、"一带一路"政治经济学,以"两个大局"与中国对外战略、百年变局中的中美关系、构建人类命运共同体研究、"双循环"发展格局、经济全球化前景、疫情后的世界经济秩序、全球分工体系调整与产业链变化、全球金融货币体系稳定性研究、中国海外投资国家风险、大宗商品供求与地缘政治经济等为研究重点,推进学术体系、学科体系、话语体系建设。

2021年,智库首席专家张宇燕的《经济发展与制度选择:对制度的经济分析》获得"第19届(2020年度)孙冶方经济科学奖(著作奖)";东艳、徐奇渊等的《直面中美贸易冲突 坚持深化改革开放》获得"浦山世界经济学优秀论文奖（2020）——政策研究奖"；《世界经济黄皮书2020版》获第十二届"优秀皮书奖"二等奖；《国际形势黄皮书2020版》获第十二届"优秀皮书奖"三等奖；孙靓莹的《全球债务可持续性分析》获得第十二届"优秀皮书报告奖"一等奖；倪淑慧的《收入弹性、汇率传递与贸易收支》荣获"优秀博士后学术成果"；王碧珺等的《中国投资是东道国内部冲突的抑制剂还是催化剂》和苏庆义、臧成伟的"How Will the Implementation of Zero Tariffs Affect Employment in China？"（《中国实施零关税的就业效应研究》）获得2020年"中国社会科学院青年经济学优秀论文"三等奖；《中国海外投资国家风险评级报告（2021）》（英文版）、《中国对外贸易报告（2019—2020）》、《国际经贸规则重塑与自贸试验区建设》获评中国社会科学院2021年度优秀国家智库报告；智库实体依托单位——世界经济与政治研究所被评为2021年度中国社会科学出版社"国家智库报告优秀研究单位"。

（三）舆论引导

案例名称：积极配合国家对美外交大局，发挥涉美舆论引导作用

智库名称：复旦大学美国研究中心

舆论引导力是当代智库社会影响力的重要组成部分。复旦大学美国研究中心历来重视媒体宣传，积极通过媒体向社会发声，传播重要的学术思想观点，为社会和公众关心的中美关系热点问题解疑释惑，积极引导社会舆论理解国家外交政策。同时，复旦大学美国研究中心智库研究人员积极配合国家外交需要，在国际媒体上发声。

2016—2020年，复旦大学美国研究中心智库研究人员共在各类媒体报刊上署名发表评论近500篇，接受各类媒体专访近

300人次。其中，智库研究人员在《人民日报》和《光明日报》发表评论9篇，在《人民日报》（海外版）、《参考消息》、《环球时报》等发表评论200余篇，在其他媒体发表评论约300篇。接受中央电视台、中国国际电视台、中央人民广播电台、新华社、人民网、中新社、《解放日报》、《环球时报》、澎湃新闻等采访约160次。智库研究人员还在国外重要报刊媒体署名发表文章约60篇，接受外媒采访120余次。智库研究人员以海内外知名媒体为对话窗口和发声渠道，将纷繁复杂的国际现象、外交政策与学术思辨用简洁清晰易懂的语言予以表述，通过海内外知名媒体的正面传播报道，形成了声势浩大的国内国际舆论引导力，既有效引导了国内民众客观理性地看待外部世界，也促进了国际社会客观理性地认识当代中国。

复旦大学美国研究中心高度重视配合国家外交主战场，鼓励和组织智库研究人员积极通过媒体发声，履行智库引导公众舆论的社会责任。在热点及重大议题上，复旦大学美国研究中心智库研究人员总是第一时间积极在国内外媒体上发声，表达观点，为社会和公众普遍关心、关注的热点问题解疑释惑，积极引导社会舆论正确看待国家外交政策，多次得到外交部的肯定。

案例名称：加强舆论传播力、引导力、影响力，让智库宣传"声"入人心
智库名称：商务部国际贸易经济合作研究院

智库建设以来，商务部国际贸易经济合作研究院创新智库传播机制策略、强化主动精准宣传，夯实国内宣传、加大国际发声，充分发挥智库在舆论引导中的特殊地位和作用，加强舆论的传播力、引导力、影响力。

找准宣传定位。智库宣传是一个多维立体的传播体系。作为商务经贸领域新型专业化智库，研究院将宣传工作定位为以商务中心工作为基点，以智库建设为依托，阐释党的理论方略、解读商务工作政策、宣介智库建设成果，全方位多层次为商务事业发展疏导舆情、营造氛围。例如，党的十九大期间，研究院围绕党的十九大报告，结合商务工作五大领域，就报告中提到的"一带一路"倡议、自由贸易区建设、推进全面开放新格局等重要议题以及100多条经贸相关工作，通过署名文章、新闻评论、直播报道等方式在中央主流媒体、境外主流媒体、社交媒体上宣传解读，引导公众读懂新思想，把握新亮点。

遵循传播规律。面对媒介技术变革带来的传播格局和舆论生态的深刻变化，研究院遵循外宣传播规律，加快宣传工作创新，系统构建智库传播机制。一是强化媒体矩阵，从媒体介质、体制属性、国别地区三个维度构筑智库媒体矩阵，实现对境内外主流媒体，尤其是国内主流媒体的规模覆盖。近年来，为顺应媒介生态发展趋势，网络宣传成为研究院一个重要宣传渠道，其中"强国号"的开通运营，极大拓宽与公众交流的覆盖面，为分享研究院智力成果、宣介经贸政策内涵提供新的传播平台。截至2021年，研究院"强国号"的总阅读量突破120万次，总点赞量超过13万次。二是培育专家矩阵，细分研究院专家结构、研究领域和发声类型，形成合理梯次，塑造"雁阵式"专家发声队伍。善用特聘专家队伍中国外知名前政要、国外智库专家学者发声，让宣传达到事半功倍的效果。三是深化报道矩阵，分别对境内外媒体、中央和地方媒体、传统和新兴媒体，以及自有媒体和社会媒体进行传播，通过署名文章、人物专访、现场直播、新媒体互动等方式，形成内外一体、全媒传播和多级传播的新闻报道矩阵。

强化宣传策略。智库发声在策略上讲求主动性，研究院围绕中央大政方略和商务工作重点，把握宣传时、效、度原则，提高媒体议题设置能力。一方面深化与中央主流媒体、新媒体合作，深度参与重大经贸选题策划工作，提升舆论传播力、影响力。在全国两会、中国国际进口博览会、"一带一路"国际合作高峰论坛等重大活动中，组织专家参与专题系列专访报道。研究院举办重大活动、推出重要智库成果时，积极做好宣传方案，抢占"第一时间"进行报道，提高新闻的首发率、曝光率。另一方面加强科学宣传引导，提升舆论引导力。根据不同时期的时政热点、突发事件等，结合商务中心工作开展报道策划，有理有据解疑释惑、疏导情绪，有力有效引导舆论走向。在中美经贸摩擦、新冠肺炎疫情等时期，面对不实负面舆情，研究院专家冷静分析、客观评价，密集提出理性判断，有力引导舆论正向发展，为社会公众注入了强心剂。

案例名称：涉疆涉藏问题话语权争夺与国际舆论引导
智库名称：西南政法大学人权研究院

西南政法大学人权研究院长期关注和研判美西方国家在重大问题上损害国家主权、安全和发展利益的行为、做法和议程，通过常态化工作和针对性安排，在国际社会坚定发声，争夺国际话语权，有力维护中国国家形象，有效回应和反击对中国的歪曲、污蔑和错误导向。

发挥高校智库优势，服务国家决策。紧跟国家战略，围绕全局性、综合性、战略性重大问题进行研究，统筹校内法学、政治学、国家安全学、新闻传播学等相关学科，形成人权、非传统安全、国际传播等问题的定期讨论机制和实地调研工作，通过自有渠道报送智库成果。

在联合国层面持续为国发声，做好学术公共外交。在日内瓦实地承办人权理事会第34、第39、第43届会议主题边会，在新冠肺炎疫情期间，线上举办人权理事会第44、第45届会议"云上边会"，回应国内外关切，阐释中国立场。针对美西方国家相关的议程设置，在联合国人权理事会大会发言近20次，直接反击美西方对我国家事业的不实指责。

直接提供政策咨询和服务高访。张永和教授、李昌林教授等先后带领团队到新疆实地调研十余次，提供咨政建言。张永和教授参加国新办第一次在人权方面的外访团，在墨西哥、巴西的议会、政府、智库、高校、民间组织等机构解读、阐释中国在维护国家主权尊严和人民各方面需要和权益的一贯政策和良好经验。周力副教授随中国人权研究会代表团出访巴西、智利、秘鲁、德国等国，与政府部门、学术机构等进行交流，介绍中国在人权方面的实践和经验。

充分借助权威媒体和国际会议，正确引导国内外舆情。在《人民日报》《光明日报》等报刊发表理论阐释文章十余篇。就美西方国家恶意炒作涉疆问题，接受《新闻联播》《焦点访谈》等中央媒体栏目采访。在新疆乌鲁木齐承办国际研讨会。举办中欧人权研讨会，研讨少数民族权利问题。

案例名称：针对南海重大或突发事件主动发声，积极开展舆论引导与话语权争夺

智库名称：中国南海研究院

中国南海研究院经多年打造形成了集国际会议渠道、主流媒体资源、学术人脉关系于一体的智库外宣网络，为引导舆论积累了丰富经验，为国际话语权建设进行了有益探索。

一是直接服务和参与我国主场外交。从2021年起，研究院精心打造"海洋合作与治理论坛"，抢抓国际话语权，配合我国在新冠肺炎疫情常态化防控之下逐步展开"线下外交"，向国际社会阐述我南海权利主张，捍卫我南海政策立场，营造良好舆论氛围，发挥了智库在舆论引导上的"四两拨千斤"作用。

二是发布有分量和国际影响力的研究报告。针对近年来美西方恶意炒作南海问题，研究院陆续发布一系列中英文学术成果，以充分的事实梳理，从客观学术分析的角度，正本清源、以正视听，在国际社会产生较大影响。尤其需要指出的是，由研究院组织、来自欧洲顶级国际法专家深度参与撰写的《南海仲裁案裁决的法律批驳》，于2020年11月由《亚洲国际法年刊》在荷兰博睿学术出版社全文线上发布，有助于国际社会进一步了解"南海仲裁案"的真相，从国际法角度理解中国"不接受、不参与、不承认"立场的必然性和正当性，在国内外引起广泛关注。

三是密切跟踪涉南海舆情事件并主动发声。近些年，针对舆论热点话题，研究院主动在国内外主流媒体平台主动发文发声，对不实信息和谬论进行澄清和批驳。

四是在海外出版系列学术著作。研究院通过与海外知名出版社开展长期合作，推出的系列学术出版物逐渐成为国内外政府部门、智库、科研院所了解和研究南海问题的重要参考资料。例如，《南沙争端的起源与发展》（日文版）就是一部在海外出版和发布，全面、系统、客观阐述南海问题的一部著作，填补了该领域多年来的空白。

五是用好用足新媒体平台。研究院通过与自媒体用户流量集中的平台密切合作，开设专栏，大幅度提升舆论引导力和时效性。此外，充分利用海外分支机构中美研究中心（华盛顿）、中欧关系研究中心（布鲁塞尔）开设的推特、YouTube等传播平台账号，及时更新发布智库建设动态和最新原创研究成果。

六是持续更新南海维权证据链重大专项。研究院通过采访南海重大历史事件经历人，用完整、连贯的史料和历史事实向国际社会阐明我国南海主张的充分依据，成为提升话语权的坚实基础。

案例名称：协调百名学者联署《致美国社会各界的公开信》
智库名称：中国人民大学重阳金融研究院

中国人民大学重阳金融研究院（以下简称"人大重阳"）在新冠肺炎疫情不断蔓延的情势下，于2020年4月初协调百位中国学者联署《致美国社会各界的公开信》（以下简称"百人信"），在国际知名期刊上刊发。百人信从人类命运共同体的角度，呼吁全球团结合作，回应欧美甩锅中国的论调，得到国内外各界人士正面反馈和呼应。一天后，近百位美国前政府高官专家学者也签署联名信，肯定中国抗疫的成效，呼吁美方与中方共同抗击新冠肺炎疫情。几天后，全球165名前政要与著名学者又联合签署《致二十国集团成员倡议书》，呼吁全球团结、抗击新冠肺炎疫情。从百人信这一成功引导国际舆论的案例中，人大重阳总结出以下几点经验。

第一，在对外传播话语上要"以理服人""以德服人"。百人信是中国学者以理论依据为基础，向全世界发出的理性的、客观的、平和的声音。文章在刊发过程中也曾遭到欧美主流媒体和智库网站的婉拒。刊发该文的国际期刊总编接受采访介绍同意刊发的原因时称：当如此庞大的中国学者群体试图向美国传达一个统一信息时，美国应该对此表示关注。信中呼吁全球合作的理念也符合当时全球舆论的价值导向，因此受到国际社会的广泛关注和呼应。

第二，在对外传播中需整合各界力量。从形成时的广泛代表性到传播时的各界呼应，百人信的对外传播整合了各种主体，促使国内外多元主体形成合力，推动话语的统一战线，从而促成了中国声音在国外、国内舆论场的共推共建。百人信署名的百位学者横跨十多个学科，具有广泛的代表性。在国外知名媒体刊发后，国内人民网、环球网、中新网、中国网等上百家媒体也翻译成中文进行了报道，数千万人阅读和关注，对中国学者全球视野下的主动作为表示支持。国内外知名媒体的合力支持令其在国际舞台上形成了强大的舆论声势。

第三，在对外传播中要注重传统媒体和新媒体的综合运用。百人信首先实现了中国学者在知名外媒集体发声的突破，在国内外舆论攻防形势严峻的情况下，中国声音可以"借船出海"，表明自己的立场。与此同时，百人信的传播还充分利用了社交媒体的力量，让相关内容在 Twitter、Facebook 等社交媒体上形成了分享和传播的接力。

综上所述，首先，在舆论引导方面，思想产品的质量决定了传播中的竞争力，中国智库在国际话语权构建上关键是要创新思路，提升研究能力，准确研判形势，生产出符合时代议题的思想产品，扭转中国国际话语供给不足的状态。

其次，引导国际舆论，中国智库应着眼于全球布局，增强全球运营的主动性，提升在全球层面运营思想产品的意识和能力。当前，中国在数字化方面的领先优势也为智库全球运营能力的提升提供了保障。

最后，国际舞台上发声，合力才能发出最强音。国际朋友圈的扩大拓宽了话语传播的国际途径，智库在整合力量、把中国研究成果和理念推向世界方面已经具备了强大的基础。通过"国内外专家＋社交媒体传播"的模式，在国内外舆论场寻求统一发声，可以形成强大的话语引导力。

（四）社会服务

案例名称：创新打造中国特色话语外译传播平台和"中国关键词"品牌

智库名称：当代中国与世界研究院

当代中国与世界研究院（以下简称"当研院"）依托中国翻译研究院、中国翻译协会，充分发挥多语多元外译传播特色优势，不断完善"话语建构＋外译传播"工作链条，创新打造"当代中国特色话语外译传播平台""中国关键词"公共产品。

第一，推出"当代中国特色话语外译传播平台"。形成重要概念范畴表述外译发布平台、"中国关键词"多语种对外传播平台、中国特色话语对外翻译标准化术语库、多语种党政文献简写本及专家解读文库集合于一体的权威发布矩阵。为业界及相关人士提供更加便捷的检索参考服务。

2020—2021年,"当代中国特色话语外译传播平台"策划发布"《习近平谈治国理政》第三卷重要概念汉英对照"系列、"党的十九届五中全会重点语汇英译参考"系列、"抗击新冠肺炎疫情汉外对照词汇"多语种系列、《中国重要时政术语英译报告（2019）》及《中国重要时政术语汉英对照汇编（2012—2018）》等外译标准化产品，为我国外事外宣部门和其他国际传播机构提供了重要参考和工作借鉴，牢牢把握中国话语国际定义权和解释权。围绕《习近平谈治国理政》（第三卷）、"十四五"规划建议、全面小康、中国抗疫、中国式民主等重点选题，编发多语种专家解读文章，推动中国思想、中国价值、中国理念、中国话语获得更广泛的国际认同。

第二，打造"中国关键词"公共产品。"中国关键词"是国家重点项目，主要围绕习近平新时代中国特色社会主义思想，进行中文词条编写解读及多语种编译，通过平面、网络和移动社交平台等多媒体、多渠道、多形态及时持续对外发布。自2014年以来，累计外译发布19个文种10000余条，编制推出"中国关键词"系列9个专题、19个文版100余种（册）图书和电子书产品，内容涉及我国政治、经济、文化、社会、生态、军事、外交、全球治理等多个领域；开设多语种专题网站及移动阅读端为主的发布平台，开拓国际传播出版、社交媒体、论坛研讨、推介展览等融合传播渠道，出品中外对照版图书、电子书、短视频等多语种、多形态外译传播产品，推动新时代创新对外话语传播取得积极成效，受到上级领导高度评价，获得国内外各界人士广泛好评，日益成为对外话语创新实践的品牌性项目和权威解读当代中国的标志性公共产品。

2020—2021年，结合中国共产党成立100周年、全面建成小康社会等重大节点，"中国关键词"重点策划编译发布多语种版《中国关键词：中国共产党成立100周年特辑》《中国关键词：精准脱贫篇》《中国关键词：抗击新冠肺炎疫情篇》等多个专题；拓展与贵州、苏州等省市及核工业等行业的合作，启动地方篇、行业篇等专题策划编撰工作，讲好中华文化故事与中国品牌故事；深化与泰国、老挝等东盟国家高端智库合作，推进最新政策读物海外本土化传播迈上新台阶。

案例名称：引导政策，指导实践，"顶天立地"服务脱贫攻坚
智库名称：贵州大学贵州基层社会治理创新高端智库

贫困是最大的"生态问题"。贵州大学贵州基层社会治理创新高端智库的前身——中国西部发展能力研究中心依托农林经济管理学科建设，自1995年以来推进了脱贫攻坚研究，近年智库积极整合全校力量，服务脱贫攻坚。

1. 主要做法

第一，成果引导政策。一是牵头制定《贵州脱贫攻坚总体规划》《对口帮扶贵州工作总体规划》等发展政策文件，参与制定《大扶贫条例》《精准扶贫标准体系》《关于确保按时高质量打赢脱贫攻坚战的指导意见》。"完善粮食最低收购价政策的思路与建议、粮食最低收购价政策改革的关键与重点"获得薛暮桥价格研究奖、国家发改委优秀成果奖。

第二，理论促进实践。近两年派500多人次团队开展了43个县脱贫攻坚绩效考核和脱贫出列第三方评估工作，指导东部六个省市与贵州八个市州对口帮扶，学科对口支持三个县脱贫攻坚，促进全省完成188万人易地扶贫搬迁任务；研究促进农村组组通硬化路投资459.8亿元，建成7.87万千米，解决1200万农民出行问题；总体减少农村贫困人口124万人，彻底撕掉贫困标签，团队探索了生态资本不能支撑经济发展问题的破局之道，书写了中国减贫的贵州篇章，实践中阐释精准扶贫思想在贵州落地生根。

2. 主要经验

第一，小机构大网络抓智库工作。智库现有8个专职研究人员，45个兼职研究人员，成立十二支服务脱贫攻坚的产业团队，开展技术咨询、发展建议、人才支撑、实地调研、理论指导和产销对接等发展工作，直接促进了贵州全面实现脱贫。

第二，立足大地开展智库建设。智库建设始终围绕服务脱贫攻坚及农村基层社会治理实践，不忘智库初心，牢记智库使命，将智库建设在大地上服务地区经济社会发展。

案例名称：发挥研究所长，助力社会改革创新
智库名称：华中师范大学中国农村研究院

作为教育部应用型重点研究基地及国家一流学科承建单位，华中师范大学中国农村研究院始终以服务党和国家重大需求为宗旨，全力建设中国农村发展高端智库。

一是以深度研究服务国家重大战略。在国家提出重大战略后，研究院即刻开展精准脱贫相关跟踪调查和研究服务，撰写系列报告，并转化为国家政策。在精准脱贫战略即将结束之际，受国务院扶贫办委托，从事精准脱贫战略与乡村振兴战略的衔接问题及相对贫困地区的扶贫举措研究。研究院成立以来高度关注乡村振兴问题，在乡村振兴战略提出后，编制完成了全国第一份乡村振兴战略规划。其后研究团队先后指导编制了广东省和山东省的第一份县级乡村振兴规划及十多份市、县乡村振兴规划，用深度研究服务国家战略。

二是以全程参与服务国家重大改革。研究院先后对南水北调东线、中线工程进行深度调查，并撰写了一组咨询报告呈送给有关部门。国家南水北调办专门安排团队与科研人员进行交流、座谈，对相关问题进行专题研究，吸纳相关建议，促进了南水北调区域"三农"问题的妥善解决。受中央农办委托，研究院参与基层自治单元政策调整的研究工作，呈送多个系列报告和专题研究成果,部分建议被吸纳,为服务农村基层建制调整做出贡献。研究团队一直跟踪并服务国家对乡村治理能力和体系的改革,对民政部十余家改革试验区和多个国家改革试验区进行培训、授课并对改革试验区进行改革指导、中期评估,部分乡村治理改革措施转变为中央政策。基于基地的出色研究,科研人员连续获得自治法治德治及基层治理两个国家重大专项的资助。

三是精心指导服务社会改革探索。受全国老龄委、老龄办委托,参与"十三五"时期老年人服务规划的前期研究和编制工作,并参与老年人服务体系改革的研究,专题研究中部分建议被规划、改革吸纳。基地以此获评为全国老龄办"重点研究基地",成为老年人服务研究、规划的重要成员单位。鉴于研究院团队的深度调查和丰富的资源积累,中央农办、农业农村部和民政部在重大政策制定前或重大改革实施前,会函询相关数据和报告。同时,鉴于人民对于美好生活的追求,研究团队追踪研究人居环境问题,撰写了一组有关农村垃圾、环境污染的报告。农业农村部征调了基地撰写的所有人居环境整治的资料和研究报告,为全国农村人居环境的整治提供重要的依据。

服务党和国家、服务社会改革创新是研究院作为国家重要智库的任务之一。五年来,基地以调研报告、决策咨询、座谈会议、项目研究等多种方式为国家涉农部门提供全方位、多层次、多领域的研究服务,贡献"中农力量"。

案例名称:服务全球教师教育发展　创建教科文组织二类机构
智库名称:上海师范大学国际与比较教育研究院

中国作为负责任的大国,正在加快参与全球治理、推动人类命运共同体建设。这要求新时代智库不仅要服务国内发展,积极关注和帮助解决国内问题,也要服务全球事业,积极为全球各项事业发展贡献中国力量。上海师范大学国际与比较教育研究院积极响应习近平总书记关于"构建人类命运共同体"和"参与全球治理"的重要精神,讲好中国故事,传播好中国声音,智库团队经过六年国内外手续办理和创新建设,推动联合国教科文组织教师教育中心于2021年在上海正式揭牌成立。

中心的成立和运行,将教育机构社会服务的范围从地方和本国扩展到服务全球教育事业,为讲好中国教育故事提供了务实可落地的国际平台,在国内外产生了一定影响力。主要经验有:第一,积极参与国际教育活动,展现中国教育优势;第二,搭建国际教育组织平台,提升国际信任感和影响力;第三,加强教育领域研究,为社会服务提供有力支撑;第四,重视人才队伍创新建设,培养一批善于传播中国教育经验、讲好中国教育故事的专业人才。

具体来看,中心在筹备期间和成立之后在社会服务方面主要取得了以下特色成果。

举办高级别国际会议,打造教师教育"世界会客厅"。中心先后承办了世界银行全球基础教育论坛、中非教育交流研讨会、纪念联合国教科文组织成立75周年教育国际研讨会等大型国际会议。各国际组织负责人、数十位国家高级官员以及世界一流大学的学者到上海参加会议,就教师教育等教育政策和实践问题深入研讨,助力中心成为世界探讨教师教育相关议题的重要平台,提升了驻华国际组织的显示度和影响力。

组织国际教育高级研修,讲好中国教师教育故事。中心每年组织实施若干国际教育高级研修项目,包括"'一带一路'沿线国家教育行政人员高级研修项目"和"PISA、TALIS与基础教育改革——APEC成员经济体研修班"以及和非洲多国如肯尼亚、博茨瓦纳教育部合作实施的教育高端研修项目等,吸引200多位各国高官、教育实践者和一流大学学者参加。中心通过研修项目向世界各国传播上海乃至中国教育改革发展的成果和经验,助力打造可信、可爱、可敬的中国形象。

助力全球教师专业发展,服务全球脱贫减贫事业。中心先后受中国教育部、联合国儿童基金会、联合国教科文组织(UNESCO)中国全委会等机构委托,为贵州、青海、西藏、四川、云南、甘肃、广西、新疆、内蒙古等中国偏远地区培训教师约1600人次,并将继续推进实施此类项目,助力中国乡村振兴计划。此外,中心受多国政府委托,帮助其整体改善教师教育体系,针对性提升教师专业发展能力,为相关国家的教师队伍建设事业贡献积极力量。

今后,中心将继续积极响应联合国2030年教育行动框架,服务全球教师教育事业发展,承担"全球教师教育领域的服务提供者、标准制定者、研究与资源管理中心"的使命,发挥"知识生产、能力建设、技术服务、信息共享"四大功能。

案例名称:以科普视频方式服务于公众理解大气环境问题
智库名称:生态环境部环境规划院

生态环境部环境规划院(以下简称"环规院")为生态环境部直属事业单位,自2001年成立以来,始终坚持为国家生态环境保护决策管理提供全面技术支撑的总体定位,坚定做习近平生态文明思想的传播者和践行者,面向改善生态环境质量重大需求,围绕规划、政策、工程和风险四大主线,不断强化在全国生态文明、生态环境规划、战略政策领域的排头兵和领跑者地位,在国内外生态环境领域的影响力稳步提升,已成为国家生态环境战略、规划与政策研究和制定领域的核心智库。

2020年春节前后,恰逢新冠肺炎疫情,经济社会活动水平明显降低,京津冀及周边地区却经历了几次重污染过程,引发了公众关于大气污染防治措施有效性和大气环境容量的争论。

为回应公众对大气重污染的成因及环境容量的关切,环规院联合清华大学、中国科学院大气物理研究所、国家大气污染防治攻关联合中心等单位共同制作了《大气污染与环境容量》

科普视频，视频内容科学易懂，便于公众理解。环规院负责视频整体思路构建及脚本编写，脚本内容主要基于院承担的大气攻关项目"区域大气承载力与空气质量改善路径"的研究成果，通俗易懂地介绍了何为"大气环境容量"以及影响"大气环境容量"的主要因素；清华大学、中国科学院大气物理研究所、国家大气污染防治攻关联合中心主要为视频制作提供专家建议；北京数城未来科技有限公司和北京清创美科环境科技有限公司主要负责视频制作剪辑工作。

《大气污染与环境容量》科普视频包括影响空气质量的因素、大气环境容量概念、2020年春节前后京津冀及周边地区"2+26"城市空气质量变化等内容。空气质量主要受污染排放与大气环境容量影响，短期内污染排放相对稳定，大气环境容量成为影响空气质量的主要因素。对特定区域而言，短期内大气环境容量主要受气象条件影响。如新冠肺炎疫情期间两次重污染过程的气象条件是近年来最差的，即使社会活动水平较低，但污染物排放量仍超环境容量2倍以上，这是疫情期间重污染过程频发的主要原因。如果这种气象条件发生在往年，没有近几年减排的努力及因疫情减少的污染排放，污染会更严重。

该视频于2020年4月30日在环规院微信公众号首发，生态环境部、各省（市）环保厅（局）、社会团体、个人的160余个互联网账号进行转发，视频也通过哔哩哔哩、抖音等媒体进行发布。截至2020年年底，累计点击观看次数达到50万次，远高于其他同类科普视频，较好地回应了公众关注的问题，引导公众理性地看待并理解环境问题。《大气污染与环境容量》科普视频是将科研成果转化为视频内容并通过互联网传播的有力示范，视频的播出帮助公众深入理解大气重污染的成因及气象等因素对环境容量的影响，客观认识近年来京津冀及周边地区大气污染防治工作的成效和进展；既回应了社会对于大气环境关注的热点问题，又取得了良好的宣传教育效果，充分体现了科普在助力人民美好生活中的重要作用。

案例名称：助力金沙江水电移民安置和脱贫攻坚任务
智库名称：水电水利规划设计总院

  水电是我国重要的清洁低碳可再生能源，是我国实现碳达峰、碳中和目标的主力军。我国待开发的水电主要集中在西部地区，与我国贫困地区高度重合，加快水电开发不仅是清洁低碳的需要，也是助力脱贫攻坚的需要。水电开发不可避免地要产生移民，做好移民工作是有序推进水电开发的重大政策性问题。金沙江下游向家坝、溪洛渡、乌东德、白鹤滩四个水电站总装机4646万千瓦，年发电量1936亿千瓦时，相当于两个三峡水电站的发电量。水电站建设将产生约32万移民，为妥善安置好移民，2010年国家能源局建立金沙江下游水电移民工作协调机制，指定水电水利规划设计总院（以下简称"水电总院"）为金沙江下游水电移民工作协调办公室。十多年来，水电总院组建专家组提供政策研究和技术支持，协调解决各阶段遇到的重大移民问题，有效推动了四个电站的移民工作进程。

  增进人民福祉，助力乡村振兴。水电总院始终坚持将科学合理搬迁安置移民、水电开发促进地方经济社会发展、移民脱贫致富三者相结合，始终将助力移民脱贫攻坚放在重要位置，通过科学合理的移民安置规划，进一步完善了与移民切身利益直接相关的房屋征收和农村居民点宅基地补偿方式，探索了搬迁安置激励措施补助的形式，并对征收民风民俗设施及宗教活动设施场所、少数民族困难移民房屋补助等进行了研究，增加了移民的获得感。同时，认真落实党中央脱贫攻坚和乡村振兴战略部署，适当提高移民村庄集镇迁建标准，妥善解决好移民村庄集镇新址选址、建设用地、安全饮水、用电、通信、交通、就医、就学等基础条件，使移民搬迁安置后人均收入有所提高，住房条件和居住环境显著改善，以规划成果推进共同富裕，真正实现了水电建设与群众利益双赢新格局。

及时化解矛盾，维护库区稳定。由于移民群体数量巨大，涉及地域广泛，并且居住集中，诉求趋同，易被"维权"代理事件蛊惑利用，一些利益诉求和矛盾问题不可避免，如果处理不当很容易引发群体性事件。水电总院对潜在性、苗头性风险进行充分预判，加强金沙江下游库区移民相关舆情监测，及时与国家及相关省份主管部门加强舆情监测信息的沟通交流，协调并参与了四川、云南两省舆情监测和应对处置工作全过程，针对移民关心的房屋、土地等政策问题，及时准确地进行解答，提供了有力的智力支持，多次化解矛盾风险，保障库区移民的合法利益。

提炼经验做法，形成长效机制。在长期的移民研究和工作过程中，水电总院逐步形成了一系列相关研究成果和工作经验，形成了一套可复制可推广的移民模式，得到国家和地方相关部门的高度认可。2019年，基于水电总院移民研究成果，六部委联合印发了《关于做好水电开发利益共享工作的指导意见》，在全国层面对相关工作起到了引领性作用。随着水电开发逐步向河流上游推进，项目所处地理位置偏远，自然条件恶劣，且多位于少数民族地区，当地经济社会发展相对滞后，水能资源是当地发展的重要资源优势，水电开发对促进地方经济社会发展的作用比较突出，通过水电开发利益共享长效机制的推进，可以使地方更好地分享水电开发产生的收益，促进西部地区经济社会可持续发展。

案例名称：微观数据多元化服务经济社会高质量发展
智库名称：西南财经大学中国家庭金融调查与研究中心

西南财经大学中国家庭金融调查与研究中心以家庭金融研究为特色，立足新时代西部建设，紧扣国家战略需求，以微观数据多元化服务经济社会高质量发展，积极探索中国新型高校智库发展之路。在"十三五"时期，中心社会服务成效显著，先后与中央多部委及世界银行、腾讯等知名机构开展深度合作，共承接各类横向项目159个，其中政府合作类项目44个，高校合作项目67个，企业合作项目48个；百万元以上项目16个。

第一，住房研究参与我国住房长效机制建设。

中心围绕住房需求、住房空置率、住房金融及保障制度和房地产税等住房调控政策中的关键问题展开研究，发布国内首份《城镇住房空置率研究报告》；就"灵活就业人员参加住房公积金制度试点专家咨询工作"获住建部公积金监管司感谢信。截至2021年年底，参与国家发改委体改司住房长效机制建设工作，住建部关于政策性住房金融制度建立、城镇住房存量分析和新市民住房需求调查工作，与北京市住建委合作开展"北京市住房需求调查"，持续参与四川省住建厅"因城施策""住有所居"等政策咨询，于2021年起参与"成渝经济圈推动公租房住房范围城镇常住人口全覆盖研究"项目，积极为西部建设服务。

第二，反贫困研究创新西部精准扶贫实践。

2014年起，中心在川滇两省17个区县进行激励相容的转移支付田野实验"劳动收入奖励计划"和"青少年教育促进计划"，通过科学评估为我国建立现金转移支付制度积累参考数据和操作经验。截至2021年年底，"劳动收入奖励计划"已覆盖贫困户7.2万余户，"青少年教育促进计划"覆盖贫困地区学生9万余名。激励式扶贫试点取得显著成效。中心《推进精准扶贫"4+1"模式》的政策研究报告，得到四川省委相关部门采纳，领导作出指示将激励相容的田野实验"在深度连片的20个县推广"，并将"劳动收入奖励计划"和"青少年教育促进计划"积极融入当前主要扶贫政策体系；中纪委四川扶贫点目前已全部采用"劳动收入奖励计划"方案，激励式扶贫经验获大范围推广。

第三，家庭与小微金融研究助力抗疫决策。

2020年年初新冠肺炎疫情暴发，中心基于前期的数据积累、较强的数据收集和分析能力，急政府所需，积极服务决策，发挥高校智库在疫情防控中的重要作用。中心在全国率先启动疫情影响下的家庭与小微企业调查，基于调查数据撰写的专栏和咨政报告获有关部门高度关注，承接相关部门委托项目，包括与国务院发展研究中心社会部合作开展6轮"重点群体就业和社会保障研究"调查，完成《疫情后家庭收支与流动性状况》《新冠肺炎疫情后劳动力就业情况变化》《疫情后个体工商户经营状况与政策支持研究》政策研究报告。

调查队伍加入全国第七次人口普查。2020年，中心调查团队承接了全国第七次人口普查项目，落实成都市桂溪街道的普查执行和绵阳市12个街道的普查绘图工作，同时与阿坝州统计局合作开展第四次经济普查项目。近年来，中心研究团队还持续参与民政部"乡镇政府服务能力调查评估项目""全国婚姻登记规范化研究"等项目。

案例名称："三区三州"教育扶贫成效评估机制与"一县一策"方案

智库名称：西南大学西南民族教育与心理研究中心

西南大学西南民族教育与心理研究中心旨在为国家民族政策、民族问题提供教育支持，于2017年提出了"同心圆智库"建设构想。同心圆智库紧密对接国家教育扶贫战略和民族教育发展战略需求，立足西南民族地区，以铸牢中华民族共同体意识为主线，以民族教育研究为专长，以田野调查和民族志研究为利器，专门服务国家民族教育事业发展决策和民族地区乡村振兴战略决策。近年来，开展了"三区三州"教育扶贫成效评估机制研究及"一县一策"教育脱贫攻坚指导方案研制工作，形成重要智库成果服务决策，为全面打赢脱贫攻坚战做出应有贡献。

1. 科学研制评估体系，基于县情提升民族地区教育扶贫策略精准性

构建"教育扶贫工作+教育发展成效+群众满意度"三位一体教育扶贫成效评估指标体系和工具包。瞄准深度贫困地区教育发展最薄弱环节和教育扶贫政策要素，依托大规模田野调查，严格遴选"三区三州"各级各类教育发展一般指标、核心指标、特色指标，建构了兼具综合性、特殊性、科学性、操作性特征的教育扶贫成效评估机制和办法，得到相关部门的转化应用。

聚焦民族地区特殊贫困类型，以"一县一策"为原则提升教育扶贫政策建议精准性。深度了解"三区三州"独特区位环境、自然条件和文化生态，分析不同类型贫困地区存在的差异化教育问题及影响因素，以"一县一策"为原则，积累类型化、标识性的教育脱贫攻坚典型案例和实践证据，剖析不同教育反贫困举措的成效和运行机理。研制的"一县一策"教育脱贫攻坚指导方案将教育扶贫的"精准性"进一步提升并用于指导实践。

2. 成果取得高度好评，发挥决策支持功能

《"三区三州"教育扶贫工作评估指标体系》《"三区三州"教育扶贫工作评估办法（试行）》及"西藏自治区深度贫困县教育脱贫攻坚'一县一策'调研报告和工作指导方案"系列咨政报告，为"三区三州"教育扶贫成效考核督查评估机制的建立和健全、为相关部门和地方联合攻坚推动民族深度贫困地区如期实现县域教育脱贫既定目标提供了基础性支持；成果中的建议对解决当地教育脱贫攻坚的紧迫问题与建设教育扶贫长效机制具有重要的参考价值，有效发挥了服务民族地区教育发展和决策科学化的社会功能，产生了积极的社会效益和影响。成果荣获2019年度国家民委社会科学研究成果奖。

3. 突破"政策制定者—研究者—实践者"话语藩篱，建构

三位一体的良性互动合作机制

　　同心圆智库立足国家民族教育战略和地方民族教育发展实际需求，以促进民族地区教育事业发展和决策科学化为使命，通过长期持续的委托项目、课题立项、联合调查、合作研讨等形式，多方参与项目运营，搭建了与教育部民族教育司等政策决策部门、民族教育发展中心等政策研究部门及西部民族地区教育治理与实践者之间的良性合作机制，通过高质量智库成果搭建服务桥梁，在精准对接决策者和实践者需求的同时，逐渐形成了学术研究、人才培养、智库建设与社会服务有机融于一体的智库组织形态。

案例名称：品牌化、组织化、数字化，"三化"协同助推乡村产业振兴

智库名称：浙江大学中国农村发展研究院

　　组织化、品牌化、数字化是高质量推进现代农业发展的关键。浙江大学中国农村发展研究院（China Academy for Rural Development，简称"CARD"，中译为"卡特"）建立了"学科为龙头、'基地'为平台、'卡特'为品牌、项目为纽带、学术为根本、制度为保障"的开放式发展思路与运行机制，充分发挥下属农民合作组织、农业品牌和农村电商三个特色研究中心的作用，依托研究院所构建的"队伍、项目、成果、应用"四位一体的社会服务体系，着力推进我国农业的"三化"协同发展，为农业农村现代化发展做出了贡献。

　　推动农民"组织化"发展。农民合作组织研究中心深度参与《农民专业合作社法》修订，承担农业农村部研究专项委托课题，为农民组织化献计献策。主办的"中国合作经济中青年学者工作坊"已成为极具影响的合作经济学者共同体。中心建设的"中国农民合作社研究网"也是合作社理论和合作社实践的专业交流平台。新冠肺炎疫情防控常态化后，中心还定期举办"合作志云论坛",就当前农民合作组织发展中遇到的重点难点问题进行深入研讨,受到了广大合作社实践部门和研究部门学者的高度好评。

推动农业"品牌化"发展。农业品牌研究中心依托学科优势,广泛联合政府、媒体及营销机构等组成全方位、多功能的联盟,以研究农业品牌、服务农业品牌、引导农业品牌为己任,着眼于我国农业在品牌化进程中的重大理论和实际问题,开展农业品牌的理论研究、战略规划研究以及营销传播咨询等服务。中心作为"农业区域公用品牌"的最先倡导者,积极推动农业品牌化发展。为各地完成52个农业品牌战略与规划,成效明显,仅"丽水山耕"区域公用品牌就实现每年溢价超亿元。中心连续举办"中国农业品牌百县大会",每届均有100多个县领导及相关部门参加,成为中国农业品牌发展的风向标。

推动农产品流通"数字化"发展。农村电商研究中心以数字化理念推进农产品流通体系建设,带动小农融入大市场和不断增收。中心与阿里巴巴和地方政府深度合作,推动地方发展农村电子商务并取得明显成效。郭红东教授挂职山东省曹县副县长,在其指导下曹县电商发展快速,不仅被商务部列为电子商务发展典型县,而且连续与中心共同主办三届"电子商务促进乡村振兴"高峰论坛。提出了数字商务发展的"沭阳模式"和"曹县模式",受到人民网等国内主流媒体专题报道。

以"三化协同"助推现代农业发展。卡特的农民合作组织、农业品牌和农村电商三大研究中心既在各自研究领域不断深耕,也在持续创新合作模式,并形成了"三化协同助农"的新模式。如三大中心联合组建团队前往云南、贵州、广西等地区开展扶贫,协同完成了多个市县"产业组织发展、区域公用品牌打造和电子商务发展"的涉农发展规划,还作为核心力量参与浙江大学定点帮扶云南景东县脱贫工作,真正践行了"将论文写在祖国大地上"。

案例名称：彰显学科特色　强化社会服务
智库名称：中国政法大学法治政府研究院

作为我国行政法学科的重镇，中国政法大学法治政府研究院在不断拓展学科发展领域的同时，为建设中国特色社会主义法治政府提供高质量的决策服务、理论支持和人才培养，积极履行服务社会的重要使命。

第一，研究院聚焦我国经济社会发展中的关键问题，相关决策咨询研究为我国科学民主依法决策提供了重要支撑，充分发挥了党和政府思想库、智囊团的作用。

1. 研究院充分运用各类宣传阵地、设施和大众传媒，持续开展广泛、深入、持久的法治宣传。研究人员就社会热点问题多次接受央视新闻、新华网、《人民日报》、《法治日报》等中央级媒体的采访，积极弘扬法治精神，传播法治力量。

2. 研究人员积极参与法治政府建设、社会经济发展和政府管理建设的法治问题研讨，撰写有关行政法学的前沿、热点和难点问题的要报及建议稿，为推动行政法律体系完善、促进行政执法和司法体制改革建言献策。

3. 研究人员担任多个国家部委、省市法律顾问职务，并通过合作项目研究、疑难案例研讨等方式积极服务政府决策，为推进国家治理体系和治理能力现代化做出了重要贡献。

第二，研究院不断创新科研组织形式，创设科研品牌活动促进成果转化的增长，提升服务经济社会发展的能力。

1. 研究院率先研发"中国法治政府评估体系"，创造性地以量化方式评估法治政府建设的实效。自2013年以来，持续发布了七部评估报告，是国内启动时间最早、指标权威性最强、社会影响最大的法治政府评估体系。

2. 研究院连续七年发布《中国法治政府发展报告》，其内容以每年度与法治政府建设相关的重大事件为主，以客观科学的数据和实例为依据，系统描述和展示我国法治政府年度建设的真实面貌。报告的发布有助于直观反映各地法治政府建设的制度实施与学术实践,为法治政府的相关理论研究提供宝贵的客观资料。

3. 研究院于2010年发起设立"法治政府奖",是中国第一个由学术机构发起并设立,依据科学的评选标准和公开的评选程序对各级行政机关及相关部门在推进依法行政、建设法治政府方面的制度和措施进行评价的奖项,已成功组织了六届评审活动,产生了广泛的社会影响,人民网、光明网、《法治日报》等中央媒体持续报道,发挥其引领示范作用,并为推广法治政府建设新成果起到了重要作用。

第三,研究院为回应社会需求,积极宣传依法治国理念和依法行政的具体思路与方法。定期开展"法治政府论坛"系列讲座,多次承办法治培训,加强政策法规宣讲解读,支持社会科学普及活动,设立"应松年行政法学基金",助力我国行政法学人才培养的长远规划,推动"法制教育"向"法治教育"转型,为国家法治事业进步和法治人才培养贡献力量。

研究院坚持理论联系实际,强化社会责任担当,不断探索学科建设与智库服务体系的有效结合,为社会经济发展和国家战略实施做出重要贡献。

(五)公共外交

案例名称:大国博弈背景下的公共外交与人文交流:高校智库的责任、角色与创新
智库名称:北京大学中外人文交流研究基地

公共外交是国家外交事业的重要组成部分,也是增进人民友谊、促进国家关系的基础性工作,是推进文明交流互鉴的深厚力量。得益于中央和地方政府的高度重视和政策支持,北京大学中外人文交流研究基地近年来举办了数次具有重大影响的国际性论坛。

第一,2016年6月5—7日,为落实中美两国元首共识,基地承办了"2016首届中美大学智库论坛"。该论坛汇聚了数十位美国前政要和知名专家学者,是第七轮中美人文交流高层磋商机制的配套活动。此次论坛列入中美人文交流成果清单。"2016首届中美大学智库论坛"是中美两国之间的一次重量级对话活动,有效推进了我国公共外交的发展和建设。

第二,2017年6月21日,"中国在国际关系中的作用:'一带一路'倡议"论坛在北京大学召开。近20位"一带一路"沿线国家的前总统、总理、外长和国内多名专家、学者莅临论坛并就相关话题展开讨论。本次论坛是"一带一路"国际合作高峰论坛之后,国内首次举办的规模最大、规格最高的"一带一路"论坛,进一步促进了"一带一路"沿线国家对该倡议的理解和支持,扩大了"一带一路"的国际影响。

第三,基地协助外交部及公共外交协会承办一次中美智库媒体论坛、两次蓝厅论坛。分别于2020年7月9日、9月28日及2021年2月22日在北京举行。其中2月22日的蓝厅论坛是2021年开年以来关于中美关系最重要的国际性论坛,对于推动中美关系重回正轨发挥了重要作用,也是北京大学智库建设的重要成果,产生了广泛的社会影响与国际影响,得到相关部门的高度肯定。

第四,2020年6月30日,基地和《环球时报》社、美国卡特中心共同主办了"第五届中美青年学者论坛",为中美双边关系的发展建言献策。该论坛迄今已举办五届,目的在于为中美两国年轻一代学者提供相互交流、增进了解的平台,促进双方梳理中美关系发展脉络,探讨中美青年角色定位,向世界发出中国青年学者的声音,同时让世界更加了解中国的青年学者。

2016—2020年,基地积极举办高级别的国际论坛,有利于中国特色新型智库提升在业界的国际影响力和自身业务水平,有利于其发挥自身优势,扮演好在公共外交过程中应有的角色。

同时,基地高度重视国际传播能力建设,充分利用双语平台优势,综合运用报纸、电视台、网站及新媒体客户端,在国内外主流媒体、社交媒体积极发声。在国际秩序和全球治理面临严峻挑战的背景之下,持续开拓中外人文交流的广阔战场,加强国际传播能力建设,发出中国声音、讲好中国故事,为形成同我国综合国力和国际地位相匹配的国际话语权、营造我国改革发展稳定有利的外部舆论环境做出了积极的努力,为中国软实力的提升做出了积极的贡献。

案例名称:讲好中国故事,助力新时代的中国特色大国外交
智库名称:清华大学战略与安全研究中心

清华大学战略与安全研究中心(CISS)在创始主任、外交部前副部长傅莹大使的领导下,充分发挥在国际合作与交流上的优势,加强自身国际影响力建设,主动对外传播中国声音,在打造国际高端智库的中国品牌道路上迈出了新的步伐。

CISS积极举办高质量国际会议,为国内外学者提供对话和交流的平台。自2018年11月中心成立以来,CISS共主办或联合举办高质量国际会议70余场。CISS的品牌论坛"战略与安全国际论坛"成为中方解读中国外交政策、宣介中国外交主张的交流平台。

CISS注重与国际顶尖智库开展项目合作与交流,打造面向世界的高端智库。CISS与美国布鲁金斯学会、兰德公司、能源基金会等机构开展合作研究项目,研究领域涉及中美二轨对话、人工智能与国际安全、中美能源合作等。除此,中心与国际上多家智库初步建立合作关系,通过联合研究或者合办会议的方式开展交流,有效提升了在战略和国际关系学界的国际影响力。

CISS发起中国论坛项目,鼓励专家在国际场合更好地讲好中国故事。CISS汇聚了大批不同研究方向的知名专家,并根据议题不断充实扩大专家库，重点加强骨干学者和中青年学者力量，建设复合型研究人才队伍。CISS 发起的中国论坛项目，一是同国外智库建立联系，及时了解和掌握世界各地智库涉华议题的论坛讨论，以《国际智库活动预告》的方式定期向专家学者发布，鼓励专家学者参会报名。二是向国际论坛推荐中国专家参会并发言，并且支持中国专家结合热点话题接受境外媒体采访，及时宣讲中国立场。中国论坛专家积极出席慕尼黑安全论坛、达沃斯论坛、香格里拉对话会、俄罗斯瓦尔代论坛等重大国际论坛。三是定期编写并推出《答问参考》《热词解码》《参考观点》，供专家参考。制作《大咖说》《大使说》《部长说》《中国论坛·现场》等视频，曾邀有关领导接受采访，取得良好的对外传播效果。四是向专家及其他有海外交流需求的人员提供一对一咨询和培训，增强中国声音在国际上的说服力和感染力。五是积极创立自媒体宣传平台，如微信公众号、官方网站、今日头条、Twitter、Apple Podcast、YouTube 及 Stitcher Podcast 账号，积极探索在多种平台上扩大传播渠道，推动实现"中国声音"的有力多元表达。

未来，中心将继续通过国内外社交媒体及自媒体平台推广国内专家的研究成果，对标国际主流智库，更好地宣传我国外交政策，助力新时代中国特色大国外交。

案例名称：服务国家需求，牵头《天津指南》制定，提升生物安全国际话语权
智库名称：天津大学生物安全战略研究中心

生物安全在全球安全治理中的地位愈加凸显，而相关国际管控框架尚未完善。为在联合国提出务实倡议，提出中国方案，天津大学生物安全战略研究中心多年来致力于推动建立具有广泛国际共识的"生命科学家行为准则"。从起草联合国会议上的中国提案《生物科学家行为准则（范本）》开始，中心开展生物安全领域公共外交，更在2021年合作完成《科学家生物安全行为准则天津指南》并在世界范围内推广。自成立以来，中心在参与生物安全国际规则制定、辅助国家外交争取国际话语权方面积累了一定经验。

第一，明确追踪生物技术国际前沿，以国际政策与应对为研究重点，参与未来国际生物安全管控机制的讨论。中心成立伊始，根据国家生物安全战略的总体要求明确了主攻方向，重点针对国家生物安全体系、两用生物技术安全、国际政策与应对三个方面的问题展开研究，研究内容可为外交政策提供咨询建议，为未来参与生物安全全球治理打下了良好的基础。

第二，起草生物安全国际规则。中心专家团队受科技部、外交部委托起草《生物科学家行为准则（范本）》草案，并由中国代表团于2016年12月在《禁止生物武器公约》第八次审议大会上率先提出，呼吁各国关注两用生物技术的管控问题，倡导负责任科学行为，这一"中国方案"受到国际各方广泛关注，在生物安全全球治理领域迈出了重要一步。

第三，多次参与一线推广工作。为进一步协助外交部对《生物科学家行为准则（范本）》的国际推广工作，中心派遣专家加入中国代表团，以及作为联合国非政府组织先后六次参加联合国《禁止生物武器公约》缔约国会议，会上多次阐释中国政府提交的"生物科学家行为准则"的重要意义。中心在国内外与外交部、联合国《禁止生物武器公约》履约组织合作主办"构建全球生物安全命运共同体：制定生物科学家行为准则"等相关国际研讨会，大力宣传建立"生物科学家行为准则"的主张。

第四，联合国际科学机构推动实施中国主导的生物安全国际准则。2020年，中心再次受外交部委任与国际知名机构展开合作，以《生物科学家行为准则（范本）》为基础，广泛征集全球20多个国家的生物科学家的意见和建议，最终形成《科学家生物安全行为准则天津指南》，并作为中国代表团工作文件提交至2021年的《禁止生物武器公约》缔约国会议。这也是第一个以中国地名命名、内容以中国倡议为主的生物安全国际倡议，为其他国家和机构层面的生物安全治理提供了很好的工作范本。

通过一系列在联合国框架下推进建立"生物科学家行为准则"的工作，天津大学生物安全战略研究中心成为公共外交领域一支富有成效的智库队伍，同时也培养了一批能够参与国际战略合作的战略科学家，为未来国际生物安全管控机制的建立中包括"中国声音"和"中国需求"奠定了技术基础。世界各国科学家积极参与《科学家生物安全行为准则天津指南》的制订过程也有利于各国生物学界的交流与合作、共同营造良性发展的国际氛围。

案例名称：长期开展对缅公共外交成效显著
智库名称：云南大学缅甸研究院

作为国内权威的缅甸国别研究机构，云南大学缅甸研究院充分发挥优势，积极开展对缅公共外交。

一是承担了《习近平谈治国理政》（第一卷、第二卷）缅文版的翻译、出版和推广工作。2018年7月研究院配合中央和国家机关在缅甸首都举行了该书第一卷缅文版的首发式，在缅甸各阶层掀起了了解、学习中国经验的热潮，该书第二卷缅文版的翻译、校对工作也已经完成。

二是为缅甸执政党青年骨干提供培训。自2016年起，研究院每年为缅甸民盟青年骨干提供短期培训，帮助他们了解、认识中国，理解中缅关系。

三是安排中国知名学者赴缅甸联邦议会举办讲座，介绍中国经验、传播中国声音。研究院邀请中国高校、智库的知名学者为缅甸联邦议会议员举办讲座，介绍中国的"一带一路"倡议、政党建设、反腐、民族区域自治等，讲座吸引缅甸联邦议员高度关注，每期均有 300 余名议员（缅甸联邦议会议员总数为 664 人）到场聆听并与中国学者讨论交流。

四是通过交流、访问扩大影响，广交朋友。来自缅甸政府、议会、高校、商界的代表团多次访问研究院，研究院的人员也经常前往缅甸调研，与一大批缅甸的专家学者建立了深厚的情谊。

五是通过培养缅甸留学生的方式，培养了一批缅甸知华、友华的社会精英。自研究院成立以来，至今已经培养了近百名来自缅甸的研究生（包括硕士生和博士生），他们毕业后成为缅甸各领域的精英人士，并在不同的岗位上发挥着传播中国友好形象、促进中缅友好情谊的功能与作用。

六是大力推进缅甸实地调查，促进对缅甸社会文化的深入理解，并推进中缅两国之间的相互认知。研究院曾在 2018 年和 2019 年组织缅甸国内形势与对外关系综合调查，多次派学者前往缅甸进行长期深入的田野调查，并在此基础上产出了一大批具有影响力的学术成果，为中缅双方的相互理解不断努力。

七是从历史与现实相结合的维度，探讨中缅文明交流互鉴的基础与契机。2021 年 10 月，研究院举办了首届"中缅文明互鉴学术研讨会"，来自中国、缅甸、澳大利亚、新加坡、英国等多个国家的学者共聚昆明，探讨中缅文明交流与互鉴的基础、意义与路径。

随着知名度的提升，研究院也吸引了大批的国际媒体、智库、NGO 以及学者们前来访问、交流，为更好地引导他们理性、客观、友好地分析缅甸问题、中缅关系提供了条件。缅甸官方媒体连续三年报道了研究院与缅甸高校和智库举行研讨会的情况，并刊发专文介绍研究院。

案例名称：为服务党的对外工作、讲好中国故事聚拢智库力量
智库名称：中共中央对外联络部当代世界研究中心

当代世界研究中心（以下简称"当研中心"）是中共中央对

外联络部直属、国内唯一以外国政党为主要研究对象的智库，是我国开展公共外交的重要力量，在开展公共外交活动方面有以下四个突出特点。

第一，政治站位高。以习近平新时代中国特色社会主义思想为根本遵循，紧贴国家总体外交和党的对外工作，对外宣介阐释习近平新时代中国特色社会主义思想的世界意义，搭建起国际社会了解中国和中国共产党的重要平台。举办"世界马克思主义政党理论研讨会"，习近平总书记向会议致贺信，多国政党最高领导人通过书面或视频方式对研讨会的召开表示祝贺。会议有力宣介了习近平新时代中国特色社会主义思想的世界意义，为全球马克思主义政党交流互鉴搭建平台，发挥出了对全球政党特别是马克思主义政党的政治引领作用。

第二，国际影响大。当研中心国际"朋友圈"广泛，"一带一路"智库合作联盟国际理事单位122家，覆盖五大洲的国家，十余位国际知名前政要均是智库联盟国际顾问委员会委员。为配合国家总体外交，智库联盟每年开展具有国际影响力的活动。推动外国智库参与发布反对新冠肺炎病毒溯源政治化的《联合声明》和《关于自主探索民主道路、携手推动共同发展的联合声明》，部分智库专家在国际社交媒体平台对声明进行全文转载，在对外传播全人类共同价值和人类命运共同体理念、对冲西方反华势力对我国抹黑等方面发挥了积极作用。

第三，品牌功能强。每年组织和参与涉"一带一路"研讨会30余场，形成了省部合作、部校合作模式，有力促进"一带一路"国际合作和沿线国家民心相通。"一带一路"智库合作联盟围绕陆上六大经济走廊、21世纪海上丝绸之路、澜湄合作机制等搭建8个分支网络，同相关牵头组织机构优势互补，共同举办以"一带一路"与全球治理、21世纪海上丝绸之路、中国—南亚东南亚合作等为主题的机制性会议，形成面向国际社会传播和推进"一带一路"建设的网络矩阵。

第四，社会效果好。对外交往活动得到国家主流媒体的关注，中央广播电视总台、《人民日报》、新华社等国家级媒体对相关活动予以充分报道。时任中联部部长宋涛同志同部分智库联盟国际顾问委员会委员视频通话，新闻报道在新华社、《人民日报》、央视网、中国国际广播电台等媒体平台浏览量逾100万次。为建党百年献礼，筹划组织出版《百年恰是风华正茂——全球百党政要及知名人士谈中共百年》，图书入选2022年主题出版重点出版物目录、2022年农家书屋重点出版物推荐目录、长安读书会干部学习新书书单、国铁集团2022年第一季度铁路悦读好书榜等。出版《"一带一路"民心相通报告》《"一带一路"跨境通道蓝皮书》，推动高质量共建"一带一路"更加深入人心。

案例名称：在中美、中欧、中日、中韩等"二轨"外交中担当重要角色
智库名称：中国国际经济交流中心

中国国际经济交流中心（以下简称"国经中心"）作为首批国家高端智库建设试点单位，积极发挥社会智库独特优势，充分利用机制化对外交流平台并不断开拓创新，有效维护和拓展与国内外智库、商会等民间机构的联系与合作，务实开展民间外交，坚持做好舆论引导，为配合国家整体外宣和外交工作发挥了积极作用。

第一，"全球智库峰会"是国经中心创建的重要国际高端交流平台，2009—2021年已举办六届。峰会以全球知名智库参与为主，同时邀请外国前政要、国际组织和机构负责人与会，聚焦全球经济、金融、投资、贸易、可持续发展等重大问题。峰会为及时宣介中国有关全球化、全球治理等政策主张以及中国经济发展战略提供了重要国际平台，收到了良好效果。

第二，"创新经济论坛"是国经中心与美国彭博有限合伙企业在京共同举办的高层级、开放性、前沿性和广泛性的重要国际会议，2019年和2020年已举办两届。来自全球的现任政府高官、前政要、商界和学界领袖参会，聚焦全球贸易、科技发展、全球治理、金融和资本市场、气候变化等当前全球关注的问题展开交流。习近平主席等中央领导同志以多种形式参与论坛。论坛在国内外产生了广泛影响，有效增进了国际社会对中国发展情况和有关政策主张的理解。

第三，自2012年起，国经中心与联合国开发计划署已合办四届"全球治理高层政策论坛"并形成4份全球治理研究报告，为完善全球治理提出积极建议，在阐释"一带一路"倡议、推动全球可持续发展等方面发挥建设性作用，有效增进了世界对中国的了解和理解，充分展示了中国负责任大国形象和政策主张。

第四，自2011年起，开始着力打造"工商领袖和前高官对话"交流机制（即"二轨"对话），先后构建起中美、中日、中欧、中韩四个高端"二轨"对话平台。对话聚集了中外方具有重要影响力的前政要、工商领袖和专家学者，围绕宏观经济形势和双边经贸关系中的重要议题进行坦诚、开放对话，并向双方政府提出政策建议。对话受到中外双方政府的高度重视，推动了双边交流与合作和双边经贸关系健康稳定发展，并为企业搭建起独特的国际沟通桥梁，推动了企业间的良性互动和务实合作。

第五，受中宣部委托，承办两届"一带一路"国际合作高峰论坛分论坛，并作为八家中方发起单位之一参与"一带一路"国际智库合作委员会筹建和成立；组织了五批次境外智库交流团，重点围绕中美经贸关系问题广泛做国际社会工作；为对外宣介中共十九大有关精神，与中国社会科学院在京合办"中共十九大：中国发展和世界意义"国际智库研讨会；配合首届上海进博会，参与筹办"虹桥国际财经媒体和智库论坛"，并在上海主办"国际贸易形势和全球价值链重塑研讨会";参与举办全球智库抗疫合作论坛,就加强全球抗疫合作、构建人类命运共同体深入交流。这些论坛在促进"一带一路"国际智库合作、推动中美经贸关系发展、宣介中国重大国际发展战略和抗疫成就等方面发挥了积极作用。

案例名称:推动智库在海外设立分支机构,成功开辟全新公共外交平台

智库名称:中国南海研究院

近年来,中国南海研究院不断开拓创新、谋篇布局,在智库国际化建设方面成为国内智库走向海外的"先头部队"。

一是成功设立中美研究中心(Institute for China-America Studies,ICAS)。中美研究中心自2015年4月起在美国首都华盛顿正式运作,成为我国首家走向海外的智库,致力于探讨中美间的政治、经济、法律等问题,并着力于推动中美两国政府、智库、高校和研究机构的官员与专家学者进行沟通对话。目前,中美研究中心已实现了常态化项目合作、搭建机制化交流平台和实施本土化策略的有机结合,在国际学术界和智库圈形成了较高的知名度和影响力。尤其是中美关系正在遭遇越来越多的挑战,处在关键十字路口的背景下,中美研究中心在保持"二轨"交流、舆情掌握和舆论引导等方面发挥了独特而重要的作用。

二是优化智库布局,增设中欧关系研究中心(Institute for China-Europe Studies,ICES)。中欧关系研究中心于2019年11月在比利时布鲁塞尔挂牌成立。借鉴和复制中美研究中心在美运作的成功经验,中欧关系研究中心主要聚焦中国—欧盟关系,欧洲社会、政治和经济问题,为海南自贸港建设提供智力支撑,并为中欧企业牵线搭桥,为服务中欧"一带一路"框架下的互利合作等项目提供智力支撑。

三是打造了稳定、可持续且具有影响力的机制化学术交流品牌。经过海外分支机构运行的积累和探索，研究院与美国、加拿大、日本、韩国、印尼、欧盟、东盟等全球20多个国际组织、国家和地区的智库建立了较为固定的学术联系，利用国际知名智库运行规律和国际化办会模式，搭建了"海洋合作与治理论坛""博鳌亚洲论坛年会南海主题分论坛""中美海洋事务与国际法二轨对话""中欧海洋安全论坛""中国—东盟海洋法律与治理高级研修班"等十余个稳定、可持续且具有影响力的机制化涉海学术交流品牌，形成了公共外交平台多、渠道宽、覆盖广的学术人脉网络，成效显著，在国内外涉海研究专业智库中首屈一指。

（六）内部治理创新

案例名称：跨国项目频合作　智库声音达廿国——独立智库国际合作最优解

智库名称：安邦智库

长期以来，北京安邦咨询公司下属"安邦智库"的公共政策研究工作不单是为某一个群体或机构服务，更多是致力于促进公共福利的改善。这是超越国界的，也是对"人类命运共同体"的智库解读，更是安邦智库贯彻近30年的服务宗旨——用智慧推动社会进步。

为了实现这样的愿景，安邦智库在21世纪之初便开始有意识地搭建"安邦智库—全球战略合作伙伴网络"，尝试着走出国门，与国际有影响力的知名智库、大学学者进行交流与研究合作。安邦智库的研究人员与世界各地的高等学府、知名智库、专业咨询机构等，就地缘影响、城市发展等课题保持学术讨论、交换观点看法；安邦智库研究团队与国际机构的研究人员也展开专项课题合作，在必要且合适的时候也会尝试进行田野考察和共同调研。不定期邀请来自全球各地的专家学者参加安邦智库举办的大型论坛或小型专题研讨会，日常则通过邮件往来、视频连线对话的方式，及时分享各自最新的研究成果。

基于这种开放性的沟通交流，安邦智库积极参与国际合作项目，始终与各地政府机构、跨国企业、商会等组织保持良好的沟通与合作，反馈企业意见、聆听政府决策者的看法。通过这些有意义的研究交流活动，安邦智库在国际社会逐渐获得更多的了解、信任与支持。

2012年3月，中国—东盟中心、中国—东盟投资合作基金与安邦智库联合主办了一份研究东盟的观察期刊。这份月刊，作为投资东盟的"大脑"，对东盟政治、经济形势变化保持观察，提供独立智库的第三方分析、风险预警和趋势预测，为投资东盟及海外市场的中资企业提供前瞻建议。在安邦智库创始人陈功的亲自带领下，截至2016年年末，安邦智库东盟研究团队共计完成57份持续性研究报告、超过150万字的成果，获得了中国外交部门相关领导的高度好评，也得到了不同国家地区的企业家、投资者的极大关注。

2012年6月，在"一带一路"倡议还未提出之前，安邦智库便根据多年来跨国组织合作的经验和心得创建了独立的国际关系研究团队，专注东盟区域经济及公共政策研究，同时提供相关的战略顾问和咨询服务。2020年，新冠肺炎疫情肆虐的关键时刻，该研究团队撰写相关报告，并于5月呈交给马来西亚首相署经济部，成为唯一一家向马来西亚政府提交系统政策建议的独立智库机构。

与此同时，"安邦智库—全球战略合作伙伴网络"不断扩大，逐渐成为一个供全球学者专家进行思想交流、观点探讨的专业社区。期间产生的合作成果以多种形式得到呈现——安邦智库英文网站、博客、国内外主流报刊专栏、在线时事评论，在国际高水平学术期刊发表相关论文，在海外出版英文专著等。

安邦智库的影响力也在高质量的国际交流与跨国合作中开始真正走出中国，走向全世界。截至目前，安邦智库的观点看法、专业分析和政策建议已被英语、日语、德语、俄语、法语在内的全球 20 多种语言的媒体发表、转载和引用。欧洲、美洲、亚洲多国的新闻界和研究机构，均极为关注安邦智库学者的看法、判断和评估结论。

案例名称：做强智库国际交流培训品牌，有效服务国家长期发展战略

智库名称：北京大学国家发展研究院

北京大学国家发展研究院（以下简称"北大国发院"）作为首批国家高端智库建设试点单位，秉承"小机构、大网络"的理念，聚焦国家发展重大议题，以战略性、储备性和前瞻性研究为重点，完成了一系列具有较深专业水平、较高政策价值和较大社会影响力的研究成果。

第一，建设好中美经济二轨对话、中美健康二轨对话品牌，进一步扩大国际影响力。

自 2010 年始，北大国发院与美中关系全国委员会共同举办"中美经济二轨对话"。中美专家每年年初在纽约、年中在北京定期进行对话，以学术探讨促进政策交流，旨在帮助两国学界、商界消化两国政府间对话的积极成果，增加两国民间的互相理解和信任。对话成果上报中美相关部门，供政府决策参考。

在"中美经济二轨对话"基础上，北大国发院与美中关系全国委员会合作发起"中美健康二轨对话"，于 2017 年 7 月在美国华盛顿成功举办了首轮对话。对话成果亦提交国务院及有关部门供决策参考。

第二，建设好北京大学南南合作与发展学院，为发展中国家培养更多熟悉中国改革发展经验的官员与学者。

2015年9月26日，习近平主席在出席联合国成立70周年系列活动时，宣布中国将设立南南合作与发展学院。商务部会同教育部、财政部全面推进落实，在北大国发院挂牌设立南南学院，面向发展中国家的政府官员、学术机构、新闻媒体、非政府组织等中层以上管理人员或研究人员，提供学位教育及短期研修项目，生源覆盖近70个国家。2018年起，获批准开始招收中国官员攻读学位。

南南学院旨在建设成全球具有吸引力的国家发展研究机构、具有潜力的发展中国家高端人才培养基地、具有活力的全球治理交流平台，与其他发展中国家分享国家发展的知识理念，加强国际合作，促进公平、包容、可持续发展。

第三，创办好"NBER-CCER"、北京大学数字金融研究中心—IMF中国金融科技研讨会等国际会议品牌，争取产生重要国际影响。

自1998年起，北京大学中国经济研究中心（CCER）和美国国家经济研究局（NBER）每年举行一次经济年会。北大国发院将创办好"NBER-CCER"年会，将其建设成中美经济学家及相关政府部门代表就中国经济改革和发展相关问题进行交流探讨的重要平台。

鉴于我国数字金融的快速发展实践和北京大学数字金融研究中心在数字金融领域的领先地位，国际货币基金组织（IMF）主动与北京大学数字金融研究中心合作，每年定期举办有关金融科技的内部研讨会。该研讨会已成为国际机构、国外各界了解我国移动支付、大科技信贷和金融科技发展经验的重要平台。

第四，与国际有影响力的知名智库建立联系，共同对外讲好中国故事。

北大国发院与美国布鲁金斯学会通过合作研究、出版著作、人员交流等形式建立机制化联系。合作的重大课题研究"中国2049：走向世界经济强国"，英文版于2020年1月在华盛顿出版并举办发布会；中文版由北京大学出版社出版，国内国外均产生良好影响。北大国发院将继续推进与布鲁金斯学会的常态化联系，并努力与更多国际知名智库开展多种形式的合作，共同对外讲好中国故事。

案例名称：以品牌学术会议和国际科研项目为平台，积极提升智库国际影响力
智库名称：对外经济贸易大学中国世界贸易组织研究院

对外经济贸易大学中国世界贸易研究院从全球 54 个成员 126 所研究机构提交的申请中脱颖而出，成功入选世界贸易组织第三期教席项目（WTO Chairs Programme，WCP），教席主持人为中国世界贸易组织研究院院长屠新泉教授。在中国已有一所教席项目学术机构的情况下，研究院凭借在世界贸易组织（World Trade Organization，WTO）研究领域拥有悠久的历史以及强大的竞争力为中国赢得宝贵的第二个教席，这将极大提升我国在 WTO 领域的研究和咨政能力、国际化人才培养及国际影响力，并将推动国际贸易和贸易合作领域的教育、研究和信息传播，提高发展中国家学界、公众和政策制定者对多边贸易体制的认识。

研究院还发起成立了"全球经贸治理研究网络"（Network on International Trade and Investment System，NITIS），旨在汇聚国内相关的资深专家和学者，针对全球贸易和投资治理、中国对外开放等方面的重大现实问题，开展有针对性的学术研究和广泛的国际、国内学术交流，对内为国家重大决策提供有力学术支撑，对外阐释中国的政策主张和成功经验，挖掘中国智慧、形成中国方案、发出中国声音。由中国驻 WTO 前大使、WTO 前副总干事易小准担任总顾问，由屠新泉院长担任秘书长。

研究院积极加强与 WTO 秘书处、国际贸易中心（International Trade Centre，ITC）等国际组织合作，坚持办好 WTO 与中国学术年会，积极参与 WTO 公共论坛，在全球性平台上发出中国学术机构的声音。加强与美国、瑞士、意大利、巴西等国智库的联系，发起和参与国际性联合研究项目，组织专题性国际学术研讨会，传达中国的政策主张和利益诉求，提高国际影响力。2016—2020 年，共举办国际学术会议 16 次，参加国内外学术会议超 250 人次，赴境外 47 人次，接待欧盟驻 WTO 大使、欧盟驻华代表团、韩国驻华使馆、韩国对外经济政策研究院、日本经济产业省、日本贸易振兴会等来访 167 人次。

研究院以品牌学术会议为平台，推动多边贸易体制与全球经济治理前沿研究。截至 2020 年，已成功举办 19 届 WTO 与中国学术年会，累计参会人数超 2000 人，成为国内外相关领域专家学者讨论 WTO 问题、多边经贸合作、全球化与中国经济发展等议题的重要平台和 WTO 研究领域的年度盛会，为相关政策制定和学术研究提供了前沿信息和崭新视角。研究院还连续五年参加 WTO 公共论坛并承办分论坛。时任中国驻 WTO 大使张向晨等应邀参加过研究院承办的分论坛，有效扩大了我国在 WTO 研究领域的国际影响力。

研究院积极探索与国际高水平大学联合培养研究生。2016 年与美国明德国际研究院合作开展联合培养硕士项目。2018 年与瑞士伯尔尼大学世界贸易学院签署合作谅解备忘录，开展学生交换、师资交流、联合研究等合作。研究院还积极加强与国际高水平大学的科研合作：2017 年，参与欧洲大学研究院牵头申报的欧盟委员会"地平线 2020"项目。2018 年，参与澳大利亚阿德莱德大学牵头申报的欧盟委员会"服务贸易与投资联合研究网络项目"。此外，研究院和瑞士圣加仑大学联合成立中瑞经贸研究中心，在国际组织人才培养、联合研究、智库建设等方面开展深入合作。在瑞士圣加仑州议会发布的《中—瑞自贸协定 2018 评估报告》受到我驻瑞使馆、商务部、海关总署等部门机构高度重视。

案例名称：以"人"为本，务实创新，新型高校智库高质量发展探索之路

智库名称：复旦大学发展研究院

复旦大学发展研究院是改革开放以来国内最早的一批高校智库之一，入选《光明日报》社"中国十大影响力智库"，中共上海市委宣传部设立的首批上海市重点智库。自1993年成立之日起，发展研究院就以"建设高端智库，服务国家发展"为使命，秉持"开放办智库"理念，坚持"以科学总结中国发展实践的重大理论与经验，准确回应中国发展过程中面临的挑战并形成对策"为两大基本研究特色，不断探索智库反哺学科的有效路径，构建智库和学科之间螺旋发展、良性互动的新格局，产出了《中国发展报告》《上海发展报告》《双轮驱动》等重磅思想产品，并始终将打造更强、更大、更有特色、更有创新的国际一流智库作为自己的建设目标。

坚持"小机构大平台"建设理念，首创一支"讲政治、懂学术、知政策、有视野"的专业化智库运营人才队伍。通过合理的智库运营，发展研究院不仅持续探索智库作为学科研究与政府治理实践之间的桥梁作用，重构决策咨询研究流程，解决决策咨询"最后一公里"的问题，而且坚持开放办智库，将智库建设矩阵中的实体科研单位、虚体研究机构以及专家团队联结起来，同时通过校内孵化和聚合、同城和全国联动、跨界互动等方式吸引外部资源。这支团队已被新华社、《光明日报》等媒体多次报道。

探索智库人事管理新机制，创建一支多维度跨学科的智库研究人员团队，为决策咨询服务扩容增效。坚持党管智库，国内首创成立"智库党总支"，国内首创"以学术为本、以咨政为特色"的智库研究员序列，推动智库"旋转门"双向落实，进一步完善智库多元评价体系与决策咨询成果多样化激励方案，推动咨政科研相关成果纳入全校科研成果体系，多措并举，全面激发专家学者服务国家战略和经济社会建设的积极性。

聚焦国家战略与地方发展，深刻分析国情世情，形成年度重点智库成果。围绕国家发展的重大理论需求，自主开展"国家发展动力"有关研究，目前已发布了《中国国家发展动力报告》《作为世界发展重要引擎的中国国家发展动力的外溢作用和联动效应研究》《疫情下 G7 国家发展动力的变化》等报告。

推进一系列以战略为导向、以数据为驱动、以应用为抓手的跨学科融合平台建设。参与创建多个交叉学科实验室，包括国家发展与智能治理综合实验室（教育部）、消费市场大数据实验室（商务部）、数字文化保护与旅游数据智能计算重点实验室（文旅部）等，同时设立瞄准国家战略的重点智库机构，包括老龄研究院、长三角一体化发展研究院、上海能源与碳中和战略研究院等。

深入开展智库国际合作，打造一个知华友华的智库海外朋友圈。首创海外"中国研究中心"，在美国、欧洲（先后于丹麦、挪威）、拉美、大洋洲建立中心，变地理客场为话语主场；持续发挥"上海论坛"的品牌影响，面向全球搭建"学界、政界、商界"三方交流互动的平台；首倡"复旦—拉美大学联盟""金砖国家大学联盟"，与拉美 15 所大学、金砖国家 50 所大学组成联盟，助力中国引领新兴经济体合作；设立国际智库中心，已与 44 个国家的 127 所高校或研究机构建立合作联系，接收了来自 46 个国家的 180 余位高端访问学者，构建全球智库网络。

案例名称：围绕研究课题、研究力量、研究成果三方面创新"全行办智库"体制机制

智库名称：国家开发银行研究院

国家开发银行研究院创新"全行办智库"体制机制。国家开发银行研究院坚持党管智库原则，强化顶层设计和制度建设，积极构建智库"高平台、大网络"的体制架构，聚焦国家发展战略及国家开发银行（以下简称"开发银行"）核心工作，围绕全行研究课题、研究力量、研究成果三方面的统筹，提升资政建言和研究组织"两个能力"，通过优化整合行内外研究资源，构建高质量研究产出机制，打造特色知识产品体系，有效提升全行研究水平与研究能力，推进智库培育建设工作。

第一，加强顶层设计完善组织保障。开发银行党委高度重视智库建设工作，积极落实智库高质量发展要求，将智库建设写入开发银行战略规划；推动设立开发银行研究工作领导小组和学术委员会，由行长担任组长和主任；创建开发银行研究工作领导小组"把方向"、行学术委员会"控质量"、研究院"抓落实"的全行研究组织架构，提升全行研究水平体制机制建设。

第二，建立灵活高效的课题组织管理模式。通过课题认领、申报、交办等多种方式，灵活开展智库重点研究课题组织管理；探索建立全行自主课题管理办法，推动课题分层分类管理；加强智库研究统筹和选题策划，定期发布智库研究选题目录；实行首席专家负责制，由首席专家牵头开展课题研究，鼓励领军人物、行业研究带头人、开发银行特约研究员、青年研究骨干等专家结合研究专长和兴趣牵头或参与课题研究；通过组建行内外专家团队，鼓励外部高水平专家学者进入研究团队，整合行内外资源形成合力。

第三，建立灵活开放的成果共享和信息互通平台。打造"开发银行学术报告厅"共享平台，以闭门研讨会、对外学术讲座等形式举办多期学术活动，有效加强全行员工学习与培训。建立研究部门与业务部门交流共建机制，办好"开行讲坛"，不定期组织学术沙龙、学术讲座、优秀论文评选等活动，培养自主自发的研究兴趣，营造浓厚研究氛围。组织全行认领国家高端智库课题，以我为主开展自主重点课题研究，创办内部刊物，高质量完成智库报告。在统筹成果的基础上建立后评价机制，组织优秀成果评选，积极推动表扬和奖励措施落地，并积极鼓励著作出版。

第四，建立灵活便捷的研究人才管理机制。通过统筹行内外研究力量资源，搭建全行专家资源平台，形成内部与外部相结合的专家队伍。目前，开发银行常备专家库已拥有2600余名外部及开发银行离（退）休专家，通过邀请专家参与研究、调研、课题论证，为智库建设提供了较好的支撑。同时，国家开发银行设立博士后工作站，积极探索开发银行特约研究员和智库科研助手聘用机制，出台研究领军人才保障机制，进一步优化开发银行专家委员会内外部专家聘用机制，有效整合行内外研究资源，充分发挥"外脑"作用，持续推进"专家银行"建设，着力构建多层次、专业化的研究队伍。

案例名称：综合改革示范区为经费管理开辟新道路
智库名称：暨南大学经济与社会研究院

暨南大学经济与社会研究院成立于2015年12月，是暨南大学为建设高水平大学、推行经济学教育科研国际化而设立的教学科研机构。2017年9月，暨南大学校长办公会议决定，将研究院作为"暨南大学综合改革示范区"首个试点单位，并将职称评定、评聘自主权下放至研究院，赋予了研究院更高的人事、学生培养及智库建设自由权。成为综合改革示范区后，研究院在制度层面获得更多的自主权，充分激发了成果的产出。

改革方案提到：（1）研究院通过承接横向课题等进行自主创收，学校对于自主创收经费的管理实行优惠政策，五年之内不收取任何管理费及提成；创收收入使用方向由研究院自行决定。（2）结合科研人员的工作特点，研究院行政人员统一采取年假制度，不再实行寒暑假休假制度。

其一，在自主创收方面的优惠政策鼓励下，研究院横向课题经费收入逐年快速增长；同时，研究院又拥有极大的经费支配权来进行智库建设、绩效分配、激发人才的参与度和积极性，形成良性循环发展。截至2022年1月，全职智库研究人员已达10人，占全职教学科研人员的21%，且呈逐年增长趋势；承接横向课题累计总经费近600万元，服务对象包括省部级以上政府部门、大型央企等。其二，充分的行政支持帮助科研人员大大提高了科研工作效率。研究院专门设置财务秘书岗位，增强行政队伍对智库研究人员的支撑服务力度，建立高效的行政服务队伍，使得智库研究人员拥有更纯粹的学术环境。

凭借学校给予充分的自主权和政策红利，研究院最大限度地充分利用自主优势，助力成果产出。（1）利用自主创收收入招聘高质量全职研究助理。由于研究院的创收五年内可自主支配，研究院招聘了一定数量的全职研究助理，学院根据工作量、贡献度等制定了奖金分配规则，用创收收入支付研究助理的奖金绩效等。招录的研究助理均为境内外顶尖高校的经济学、社会学专业硕士毕业生，他们承担了智库研究工作的资料搜集整合、数据清理、数据分析以及报告撰写等大量工作，大大减轻了研究人员的科研负担，有效提升了研究成果产出率。（2）研究院下辖的社会调查中心的管理做到自负盈亏。调查中心除承担例如"广东千村调查"等大型社会调查项目外，还承接了政府部门、企事业单位的各类调查项目，社会调查中心享有调查项目收入的高度自主支配权，项目收入可用于支付调查团队的奖金和绩效工资，这充分调动了人员的积极性，提高了工作产出。

综合改革示范区建设期为2017—2022年，四年间智库发展已取得阶段性成效。截至2022年1月，研究院完成了2018—2021年的广东千村调查研究报告等大型调查报告9期，完成智库专报38期，出版书籍2本，在权威媒体发表观点文章近百篇。2017年研究院被评为"高校智库A类——211高校经济领域"的"中国智库综合评价核心智库"。2019年4月，入选民政部政策理论研究基地，成为广东省唯一一家民政部政策理论研究基地。2022年3月，在广东省委省政府的大力支持下，暨南大学整合全校优势力量，依托经济与社会研究院，成立乡村振兴研究院，智库工作随之进入了新的阶段。

案例名称：省校聚力破边界　研究运营齐发力——高校智库建设的新模式
智库名称：南京大学长江产业经济研究院

长江产业经济研究院（南京大学）聚焦"产业经济"领域，围绕国家重大战略需求，利用各界研究力量和先进技术手段，打造"一体两力"平台型专业化智库。该模式自2015年研究院成立便开始探索，并在国家高端智库建设实践中不断完善成熟。基于该模式形成的系列成果连续获"CTTI智库最佳实践案例""江苏智库实践十佳案例"等奖项。

"一体两力"平台型专业化智库内涵如下：

"一体"指创新体制机制，形成"省校共建、自主治理、规范运营"的现代科研组织主体，并以数字化思维充分运用互联网、人工智能等技术手段打造智库平台。具体来说，研究院确立了"双主体双主管"体制架构，两个独立实体机构一体化运行，同时设置省校领导小组、智库理事会、学术委员会等组织机构，制定科学完备的制度体系；此外，研究院开发了"数字化系统2.0版"，集成"成果、专家、政策、产经"四大数据库，具备分类型成果管理、课题全流程管理、年度成果统计与绩效考核、多维度专家精准画像、政策库等若干模块功能，探索形成具有全链条研究、质量控制与绩效评估、政策演化分析、专家挖掘与智能推荐等智能化功能的智库平台，力图实现智库与管理部门、政府需求部门之间的精准对接和有效互动。

"两力"指"研究力"和"运营力"，构成智库核心能力，其中"研究力"是基础和核心，"运营力"是保障和延伸。"研究力"体现为"小核心+大外围"团队："小核心"团队保持适度的规模、清晰的层次以及合理的结构,并坚持"体制内与体制外相结合,专业化与市场化相结合,学术型与应用型相结合"的理念,聚焦特色领域进行长期深入研究的团队,由首席专家、骨干专家和研究助理组成,目前已有近30人;"大外围"团队广纳智源,从地域分布、职业差异、学科种类等维度构建,充分利用团队的异质性和互补性形成整合研究效应,由来自国内外著名高校、代表性产业领域及相关政府部门近500位专家组成,该团队构成使得智库研究在扎实的学术基础上更加靠近实践、贴近决策,大大提升了成果质量。"运营力"摒弃传统的行政化思维,从"行政管理"的定位转变为"专业运营",通过组建专业化、职业化运营团队,着力提升智库的转化能力、创新能力和国际化能力,强化智库研究质量、成果转化、品牌传播等方面的建设。

研究院目前形成了"平台化智库+无边界研究"的新型智库运营模式:"平台化智库"好比一间"中央厨房",能够获取所需信息、数据、智源等,集中加工生产出咨询报告、研究报告、皮书等产品形式,并输送给政府部门和社会公众,主要通过"智政、智智、智产、智媒"互动体系来实现;"无边界研究"在一定程度上解决单一化研究模式存在的问题,更加满足智库研究的时效性、务实性、全面性、前瞻性等要求,它突破界别、时空、环节的边界,动态优化配置研究资源,构建全流程、跨领域研究闭环。

案例名称:以智库研究为引领,探索科技创新投资新模式,促进研究成果转化
智库名称:首都科技发展战略研究院

首都科技发展战略研究院长期关注国家和区域发展重大问题,聚焦创新创业和绿色发展领域的专题研究,多份研究成果获得重要领导肯定,引起了地方政府的强烈关注,切实发挥了新型智库的决策支撑作用。自成立以来，其相关研究成果、专家观点和品牌活动获得各大媒体广泛关注。

在服务于首都及地方可持续和高质量发展的创新实践中，为积极探索新形势下科技创新投资与服务的新模式，更好地促进研究院研究成果转化，充分发挥"智库咨询＋基金投资＋基地运营"的协同效应，研究院与知名金融机构的核心团队共同发起设立"首科创新资本"。

首科创新资本以"服务首都科技创新战略、聚焦科技创新成果产业化"为宗旨，主要投资与服务电子信息、新材料、新能源和生命科学等行业领域在国家科技创新背景下的原始创新或国产化替代，投资案例涵盖高端摄像头、汽车传感器、智能机器人、肿瘤治疗等领域。期待通过资本和管理的力量，推动产业升级和经济转型。

首科创新资本管理的基金类型主要有首都科技成果转化基金和京地协同创新发展基金。在首都科技成果转化方面，基金重点投资于拥有关键核心技术和自主知识产权的初创期创新创业企业，推动符合首都战略定位的高精尖科技成果在京转化。在京地协同创新发展方面，基金重点投资处于快速成长期的在京高科技企业，通过降低生产成本、满足产业链布局，推动高科技、高成长性项目在地方的产业化落地。

目前，已与地方政府建立起合作关系，发起设立"产业基金"，涉及智能驾驶、工业机器人、医疗器械等行业。与全球智能孵化网络和埃米空间新材料孵化器共同发起首科新材料创业孵化器，通过强强联合，挖掘硬科技发展浪潮中起到支撑作用的新材料，把握未来产业格局中的新材料投资机会。

为了更好地促进研究成果转化，研究院设立"首科基金"，搭建研究、产业（企业）与地方政府直接的资金桥梁，开展创新创业孵化、科技园区运营和新兴产业培育等领域的投融资服务。

案例名称：推进成果评价机制改革　提升智库服务决策能力
智库名称：苏州大学东吴智库

苏州大学东吴智库始终坚持以服务国家重大战略需求和地方经济社会发展需要为导向，紧扣江苏省重点智库建设核心目标，紧抓"名城名校 融合发展"战略契机，聚焦智库治理、人才引培、项目支持、研究激励、成果认定、应用转化与综合评价等关键环节，创立新机制、建立新标准、确立新体系、畅通新循环。

1. 打破"唯论文"导向，改革智库成果认定标准

东吴智库在成果评定过程中，打破"唯论文"的评价方式，以解决现实问题为导向，构建以决策咨询报告为主体，优秀网络文化成果、中央和地方主要媒体上发表的理论文章、具有实际应用价值的学术论文及法律法规与行业标准起草等为有效补充的"五位一体"智库成果认定和奖励机制，制定《苏州大学东吴智库决策咨询成果奖励办法》，鼓励将研究成果写在祖国大地，充分激发了智库研究人员的创新活力。

2. 树立分类评价理念，创新智库成果评价体系

东吴智库坚持智库成果、智库项目、智库人员分类评价，起草制定《苏州大学决策咨询类成果管理办法》，在高校科研平台建设、项目评审、科研奖励、人才评价、职称评定、岗位聘任、导师遴选、学位授予、资源配置等方面，将决策咨询类成果纳入其评价体系中。在决策咨询成果形式方面，除内部报告外，将参与法律法规、政策规划和行业标准起草纳入决策咨询成果，同时明确"报送、采纳、批示、产生影响"等成果影响力的判定标准，建立系统性、多元化的智库成果评价指标体系。

3. 推动成果应用转化，提升智库服务决策能力

推进智库成果应用转化是智库建设的"最后一公里"，智库研究的真正目的是实现研究成果从理论向实践转化应用。东吴智库打造"智政对话"互动品牌活动"对话苏州"，围绕长三

角一体化等国家战略需求,结合地方发展需要,加强党政领导与智库专家的直接对话交流,至2021年已持续举办八届,入选"江苏智库实践十佳案例"。东吴智库设立调研基地,开展"智库专家调研行"活动,长期观察、持续跟踪研究苏州发展与基层治理,总结凝练先进经验,形成"苏州方案";成立苏州大学北京研究院,用好"旋转门"机制,凝聚新型高端智库研究力量,逐步打通顶层建言通道,强化"苏州方案"的全国示范效应,为国家治理现代化和地方高质量发展提供重要的决策支持和智力支撑。"十三五"时期,东吴智库刊发百余篇内部咨政报告,多项建议被采纳并转化为决策。

案例名称:参与国际规则制定、推动国际组织设立,全方位提升智库国际影响力

智库名称:武汉大学国际法治研究院

高校智库尽管具有学科优势,但擅长智库研究的人才并不多;现有评价体系只重视学术成果,不利于调动高校研究人员开展智库研究;国际交流侧重于学术交流,智库交流与合作略显不足。现有人事、薪酬和管理制度制约了智库的建设与发展,武汉大学国际法治研究院采取多项措施,为研究人员积极参与国际规则制定、推动国际组织设立、不断提高智库国际影响力提供制度保障。

第一,发挥高校优势,引育高层次人才,解决智库人才不足的问题。通过探索"全校办智库"的新路子,充分发挥高校多学科优势,组织30多位校内知名专家开展跨学科研究,为我国深度参与全球治理提出倡议和方案,提升我国参与国际议题设置、国际规则制定、国际协商谈判的能力与水平。与政府和国际组织建立常态化"旋转门"制度,吸引十多名实务领域高层次研究型智库人才加盟。首开国际法"智库型"博士培养项目,通过增列指标、创新培养模式、加强培养过程管理,提高

"智库型"博士培养规模与质量，招收50多名高素质博士参与智库建设。引进10名国际知名大学博士学位获得者来智库进行博士后研究，以解决智库研究人员不足的问题。

第二，建设"智库特区"，实施等效评价，解决高校学者对智库研究的误解与动力不足问题。武汉大学在职称评审中单列智库型专业技术岗位，将咨询报告等智库类成果按采纳等级与相应的学术评价建立对应关系，建立智库研究人员职称晋升通道。同时在学校科研成果奖励文件中，单列智库类研究成果奖励内容，加大对智库成果的激励力度。不断完善各项规章制度，为参与国际规则制定和国际组织活动提供激励与保障措施。

第三，加强法律外交，积极对外发声，解决高校智库国际影响力不大的问题。申请成为多个政府间国际组织的观察员，安排专职研究人员以"观察员"身份长期参与联合国国际贸易法委员会、海牙国际私法学会、国际民航组织、国际卫生组织等国际组织的活动，及时掌握国际规则动态，参与国际规则制定。出版 *Annual Report on Chinese Practice in Promoting the International Rule of Law*（《中国促进国际法治报告》）、*Wuhan University International Law Review*（《武大国际法评论》），在 *Chinese Journal of International Law*（《中国国际法论刊》）开辟专栏，邀请国内外专家就新冠肺炎疫情所涉的国际法问题发表文章，争夺新冠肺炎疫情国家责任问题的国际话语权。

第四，加强合作交流，打造新型平台，努力争取与中国实力相适应的制度性权力。以提升我国国际话语权和全球治理中的制度性权力为目标，与外交部合作设立"中国—亚非法协国际法交流与研究项目培训基地"，培训亚非国家的外交官，成功主办三期"中国—亚非法协国际法交流与研究项目"国际法培训班，被外交部条法司称为"我国开展法律外交的一张名片"。与贸促会、外交部全面合作，就"一带一路"争端解决机构的定位、法律架构、设立路径和相关法律配套等问题提出系列建议，为中国正式成立国际商事争端预防与解决组织提供智力支撑，武汉大学因此受邀成为该国际组织的发起单位，并成为该国际组织监督委员会成员。设立国际法研究所莫干山研究中心，为联合国在中国设立的第一个实体性机构的落地、运行与发展提供法律服务。

案例名称：在"软激励"与"硬约束"中提高智库研究积极性
智库名称：中共北京市委党校（北京行政学院）

2017年9月，中共北京市委党校（北京行政学院）被确定为首批首都高端智库建设试点单位，加强智库建设成为新时代党校工作的一项重要职责，决策咨询研究也从"自选动作"升级为"规定动作"。为此，学校提出把智库建设作为党校建设新的增长点，建设形成教学、科研、咨询"三驾马车"并驾齐驱的发展格局。智库建设初期，学校撰写咨询报告以学员为主，教研人员习惯于搞教学、做科研，对决策咨询研究并不积极。为解决这一问题，学校形成了"建设初期，突出软性激励，注重涵养队伍；条件成熟后，加强硬性约束，促进全员参与"的工作思路，并采取了两个方面的措施。

一是建立导向鲜明的奖励激励机制，通过软性激励激发积极性。决策咨询研究奖励分市级奖励和校级奖励两个层次。入选首都高端智库试点建设单位后，北京市委市政府每年给予智库的经费支持，一部分下拨智库作为研究经费，一部分由市里预留用于成果奖励。在下拨的研究经费中，允许学校再提取30%作为校级层面奖励，并设置成果奖励和绩效奖励两个部分。成果奖励，是指对获得省部级以上领导肯定的智库研究成果，在市级奖励基础上，再给予校级奖励。两级奖励力度明显高于教学、科研相关奖励，在咨询研究起步阶段形成了鲜明的激励导向。绩效奖励，分个人绩效和部门绩效。一方面，将参与智库征文活动、代表智库参加市委座谈会、指导学员撰写咨询报告、参与内部报告编辑等与智库相关工作纳入奖励范围，鼓励教研人员参与决策咨询研究；另一方面，每年对教研部参与智库工作情况进行考评、奖励，调动教研部门狠抓咨询工作的积极性。大力度、全方位的奖励机制，发挥了全面动员作用。

二是将咨政成果纳入职称评聘条件，通过硬性约束提升积极性。激励措施施行两年后，学校各教研部门均参与到决策咨询工作中，教研人员撰写决策咨询报告比例有了大幅提升。但软性激励的边际效应递减的问题逐渐显现，仍有近半数教研人员没有参与决策咨询研究。2019年年底，学校修订教研人员职称评聘文件，正式把咨政成果纳入职称评聘要求，并作为独立门槛与教学、科研工作并列。职称评聘条件在咨询工作上设置咨政成果获得领导肯定、内部报告、主持项目三项。咨政成果达不到上述要求时，可用相应级别科研成果抵充，缺的越多，抵充比例越高。例如，咨政成果差1项的，按1∶1抵充；咨政成果差两项的，第2项按2∶1抵充。咨政成果纳入职称评聘文件，完善了原有的单纯激励措施。文件施行两年多来，教研人员参与决策咨询研究的比例有了进一步提升。截至2021年年底，全校参与决策咨询研究的教研人员已接近60%。

如何建立科学有效激励机制，推动教研人员从学术研究向咨询研究转变是全国党校系统智库建设面临的一个普遍问题。中共北京市委党校（北京行政学院）在省级党校层面率先建立"软激励"与"硬约束"相结合的工作机制，较好地解决了这一问题，为地方党校加强智库建设提供了借鉴，产生一定示范效应。

案例名称：探索"1+X"科技攻关新型举国体制和"一市一策"驻点跟踪研究模式
智库名称：中国环境科学研究院

当前我国正迈入国家创新体系的转型建设期，协同创新、系统创新、集中攻关成为我国创新体系转型建设的核心思路。探索社会主义市场经济下科技攻关新型举国体制是解决国家重大生态环境问题、战略支撑高质量发展的重要举措。

1. 生态环保形势要求加强科技创新攻关

新形势下，我国社会主要矛盾发生转化，生态环境在人民群众生活幸福指数中的权重不断提高，协同推进经济高质量发展和生态环境高水平保护的压力巨大，对生态环境科技创新提出了更高要求。

我国生态环境科技支撑存在一些短板，科研资源布局分散，未形成协同联动效应，科研与生态环境治理实际结合不够紧密，成果转化应用缓慢，无法支撑科学决策和精准施策。对此，在生态环境部党组领导下，中国环境科学研究院（以下简称"环科院"）围绕在生态环境保护领域构建集中攻关新型举国体制进行了有益的探索和先行先试。

2. 具体实践和成效

2017年，原环境保护部会同科技部、原农业部、国家卫健委、中科院和气象局等部门和单位，按照"1+X"模式，以环科院为主要依托单位，联合国内295家优势科研单位、2000余名科研人员，建立国家大气污染防治攻关联合中心。2018年，生态环境部再次采用"1+X"模式，联合266家优势单位、5000余名科研人员组建国家长江生态环境保护修复联合研究中心，开展长江保护修复联合攻关。

"1+X"模式创新科研组织实施机制，按照"统一领导、统一决策、统一标准、统一行动、统一考核"原则，对参与攻关的单位和人员集中统一管理，定期调度，同步推进，加强业务应用部门和研究单位互动，形成了多部门紧密协作、多学科高度交叉、课题共性技术研发与驻点跟踪应用协同推进高效运转的攻关工作机制。

创建"一市一策"驻点跟踪研究工作模式，组织专家团队深入京津冀及周边地区、汾渭平原和长江流域共98个城市，开展驻点跟踪研究和技术帮扶。以解决突出生态环境问题为导向，紧扣地方需求，提出"一市一策"综合解决方案，在提高治理成效、支撑管理和服务决策等方面提供了卓有成效的科技支撑。

"1+X"和"一市一策"驻点跟踪研究模式打破数据孤岛现象，实现环境、气象、产业和科研等海量数据及时全面共享，形成了"边研究、边产出、边应用、边反馈、边完善"的工作模式，能够有效解决科学研究与应用中的"学科融合难、部门协作难、发力协同难、数据共享难、成果落地难"等难题，推动区域污染治理的多元主体协同驱动，构建"国家—地方—科研团队"同向发力的管理技术体系，实现了科技攻关、成果转化和协同治理的无缝衔接。

3. 推进"十四五"环境科技创新联合攻关的可行性

"1+X"模式是由生态环保部门主导、其他领域部门协作的管理协同，依托重大协同创新项目，建立科研机构、高校、地方政府、企业等不同创新主体组成的创新组织结构，通过建立完善沟通协调机制、利益分享机制、科学考核评价制度等，有力支撑各地打赢蓝天保卫战和打好长江保护修复攻坚战。后续将继承和创新"1+X"模式，在"百城千县万名专家生态环境科技帮扶行动计划"中推广，并在深入打好污染防治攻坚战中充分发挥联合攻关的支撑作用。

案例名称：保障智库高质量研究的体制机制创新与改革
智库名称：中国人民大学国家发展与战略研究院

中国人民大学国家发展与战略研究院（以下简称"人大国发院"）作为国家高端智库和高校智库建设的代表，始终坚持"思想力"是智库的灵魂，高度重视研究质量管理，依托中国人民大学的学科优势和学术积淀，积极进行体制机制创新，探索出了一些经验。

1. 创新智库人才体系，强化研究基础支撑

立足"人才为本"的发展根基，人大国发院寻求在最广范围内延揽优质高端人才，打造规模适度、学科综合、结构合理的智库人才队伍，为高质量研究提供雄厚的人才支撑。通过首席专家制、团队滚动制、智库科研岗、高级研究员、专职智库研究助理、市场聘任制等制度创新，形成了六层次的智库人才梯队。具体而言，通过全校范围内选聘，形成每个智库研究板块首席专家牵头机制；通过分解"国家治理"板块，引入开放滚动的研究团队；通过创设智库科研岗，构建智库与学院的人才流动通道；通过构建中国式"旋转门"，吸收其他研究机构的学者、社会名流和学者型官员作为高级研究员进入人大国发院智库平台；通过实行专职与市场聘任制相结合，吸纳专职智库研究人员和市场型智库运营管理人员。目前，人大国发院打造了10个特色团队、26个研究中心，现有高级研究员4人、专聘研究员80人、校内兼职研究员300人。

2. 发挥学科交叉优势，高度重视国情调研

依托学校"双一流"学科建设，人大国发院利用学科交叉优势，制定了明确的研究中心管理与考核制度，打造品牌研究中心、特色研究中心和孵化研究中心三级管理运行模式，支撑以问题为导向的高水平研究。同时，开展"直面真实世界"的研究，做好基于国情和面向基层的实践调研，将地方经验和典型案例融入政策分析之中，真正产出有政策价值的高水平智库成果。人大国发院积极拓展地方合作，与地方政府合作建立地方分院，在全国建设30多个高端智库地方观测点体系。

3. 加强研究质量管理，完善全程管控体系

人大国发院注重加强对研究质量全流程的管理，在研究的选题、组织、开展、考核和评价等环节以质量为导向，完善全方位的研究管理机制。一是通过设立"选题委员会"等机制，

建立内部讨论平台，在选题环节立足高起点做好质量把关。二是在研究实施环节建立强大的"中台"管理系统，完善智库成果和研究课题的分类管理机制，做好对咨政报告成果和重大研究任务的全流程、专业化管理，以高标准管理保障高质量成果产出。三是明确课题分类管理办法，实行红黄牌和黑名单制度，在考核环节建立符合智库运行规律的综合评价体系。自成立以来，人大国发院承担多项重大任务，发布各类研究成果2000余项，在主流媒体发表文章逾3000篇，网络媒体报道及转载量超百万条次。

4. 创新成果评价机制，有效激励人才参与

人大国发院积极探索创新智库成果评价和人才激励机制，提高研究人员参与的积极性。一是积极落实科研管理"放管服"改革的各项举措，明确智库主管和主办部门的职责。二是优化相应的激励和约束机制，推动形成符合智库运行规律的制度规范体系和管理体系。三是在评价机制和激励机制上用好中央的各项政策，积极进行改革创新，将智库成果纳入科研工作考核、科研项目结项和科研业绩奖励的具体环节。

案例名称："强根基、重协调、提质量、立权威、辅决策"——深化研究体制改革
智库名称：中国社会科学院国家金融与发展实验室

中国社会科学院国家金融与发展实验室（以下简称"实验室"）设立于2005年，作为首批国家高端智库建设试点单位中唯一的金融专业智库，致力于开展科学性、建设性、独立性和开放性研究，为国家制定货币金融政策和宏观经济政策服务。

1. 基础理论研究与应用对策研究融合发展

围绕中心工作，制定研究方向。实验室始终围绕服务决策这一中心工作，以"持续跟踪、系统研究、学术高地、权威发布"为原则，将研究项目分为长期项目、专题项目和中心项目。

实验室每季度发布14份报告,基本覆盖经济金融主要领域的运行动态及风险测度;每年度出版多部金融领域专业年度报告。其中,《中国金融监管报告》从2012年起已连续发布10年;每两年编制发布的《中国国家资产负债表》成为分析研判国家能力、财富构成与债务风险的权威依据,并被国际货币基金组织及国际主流学术期刊引用,强化了实验室在该领域的国际话语权。

整合内部力量,形成优势互补研究方阵。在中国社会科学院党组的领导下,金融研究所和实验室基本实现了基础研究与智库研究并重的体制安排,为进一步挖掘有价值的研究方向、形成系统化的研究成果奠定基础,也便于对国内外经济金融问题进行准确预判、快速反馈,提高智库研究的前瞻性。

2. 深度研究与深度交流持续加强

积极参与决策过程和政策咨询。除参与、完成决策部门组织的座谈研讨、政策调研、文件起草及交办的重大项目外,实验室也与相关决策部门建立了稳定、顺畅的对接机制。比如,作为"积极稳妥降低企业杠杆率工作部际联席会议"学术支持单位,实验室与发改委加强沟通协调,共同完成多项政策评估报告;与财政部长期紧密合作,共设"中国政府债务研究中心",专事政府融资、债务风险、财政可持续、财政金融平衡等研究。同时,实验室的研究成果也持续通过内部报告等多种形式主动上报有关部门。

探索高端智库联合研究。实验室注重加强跨单位协同、多专家合作的联合研究,基于充分讨论,形成多视角、有深度、优势互补的研究成果。由实验室牵头、合作完成的多项课题报告获得了有关领导同志肯定。

3. 高质量研究与高质量管理同步推进

统筹管理研究项目。实验室实行"集中选题、立项申请、开题评审、中期汇报、结项评审"的课题管理流程,由学术委员会严格把关成果质量，并建立"课题（项目）秘书"督办制，由秘书负责进度管理、文字编校、财务报销等工作，辅助研究项目按时、规范、高质量完成。

开展集体读书、例会研讨活动。国内外经济金融形势变化无穷，相关理论推陈出新，实验室特设"立言书鉴"读书会，发动全体研究人员集体读书、提升理论水平，用先进的理论和方法为决策咨询提供支撑。此外，以科研工作例会为平台，供全体研究人员定期交流专业信息，保证智库研究的质量、深度及可持续性。

强调深入调研。实验室与北京、重庆、长三角、大湾区等地建立了良好的合作关系，设立了调研联系点，鼓励研究人员、团队走访当地政府、机构、企业，获取客观、翔实的一手数据与信息，在此基础上进行专业分析，确保研究成果可信可靠可用。

案例名称：立足自身优势，打造开放平台　做中国特色新型企业智库建设引领者

智库名称：中国石油集团经济技术研究院

作为首批国家高端智库试点单位中唯一一家企业类智库，中国石油集团经济技术研究院（以下简称"中石油经研院"）充分发挥能源行业和大型企业的特色优势，坚持"立足企业跳出企业、立足行业跳出行业"，以体制机制创新为突破口，理顺治理体系，明晰研究体系，打造开放平台，统筹整合力量，落实考核激励，提升质量水平，推动中国特色世界一流新型企业智库建设不断迈上新台阶、取得新成效。

一是建立"三位一体"的治理体系。中国石油集团把建设世界一流高端智库作为建设具有国际竞争力的世界一流企业的重要组成部分，举全集团之力办高端智库。在集团层面成立国家高端智库建设工作领导小组、学术委员会，依托中石油经研院组建中国石油集团国家高端智库研究中心，整合优势资源力量，打造高水平研究专班，提供强有力支持保障，争取成为中央决策部门委派"能源"与"企业"领域研究任务的第一选择。

二是构建国家、行业、企业"三个层面"的研究体系。将智库建设分为国家高端智库、行业智库、企业智库三个层面，针对每个层面确立不同的建设目标、发展战略和具体措施。国家智库层面，重点承担来自中央决策部门的重大战略性、方向性、前瞻性问题研究；行业智库层面，重点承担涉及行业共性的重大战略规划、改革创新、政策调研等任务；企业智库层面，重点加强对中国石油集团的决策支持、信息咨询及管理服务工作。同时，充分发挥国际化、专业化及信息化优势，打造在"能源"与"企业"研究领域的权威力量。

三是搭建"小机构、大网络"的开放平台。借助行业和企业影响力以及覆盖国内外的业务网络，打造开放的智库平台，广泛聚智聚才聚力，推进资源对接、创新协同、信息共享。按照"不求所有、但求所用"的原则，采取专兼结合方式，聘请能源领域60多位两院院士、退休官员、央企高管、知名专家等，承担或指导智库课题研究、报告起草、论坛活动等，分层次服务国家、行业、企业决策支持需要，致力于成为国内"能源"和"企业"领域智库人才聚集地。

四是创新"科学规范、简捷实用"的运行机制。树立向管理要质量、全流程管理、管理与服务并重三种思维，制订智库建设领导小组、学术委员会、智库研究中心"三个层面、七项制度"，全面推行以成果为主线的完全项目制管理，以成果质量及实际贡献为核心的激励机制，以及选题滚动储备、质量管控、经费使用、研究人员"优胜劣汰"、内部监督约束等运行机制。中国石油集团专门增加了用于高端智库奖励的工资、劳务费总额，并对优秀成果和参研人员及时奖励，有效激发了智库建设动力和活力。

2019—2021 年，中石油经研院课题数量、科研经费年均增长 20%，成果获批示数量年均增长 30%，高端研究占比显著提升，基础能力、人才队伍建设等方面都取得了跨越式发展，对国家能源产业发展和企业改革创新的决策支持作用越来越大。

案例名称：探索中国式"旋转门"机制，以高水平队伍促智库高质量发展
智库名称：中信改革发展研究基金会

中信改革发展研究基金会（以下简称"中信基金会"）是社会组织型智库。作为社会组织，中信基金会有较完善的法人治理结构和内部组织架构，通过建立健全各项规章制度，强化内部治理，坚持规范运作，不断提高项目管理、财务管理和人员管理水平，为服务国家、服务社会奠定坚实基础。作为智库，中信基金会创新人才吸纳机制、管理机制和研究机制，以适应国家建设中国特色新型智库的要求，努力实现智库高质量发展。

在人才机制方面，坚持开门办智库，积极探索中国式"旋转门"机制，从政、商、研、学各界聘请一批实践经验丰富、学术水平较高的专家学者，形成一支专兼职结合的研究队伍。聘请从政府部门、科研机构、企业退休的领导和专家学者，分别担任咨询委员、学术委员会委员及研究机构负责人，发挥他们在实践与理论相结合方面的研究优势。依托中信集团人才优势，集合子公司研究院和博士后工作站的专家资源，协同合作开展研究。打造由首席专家、各领域领军人才、内设研究机构负责人及副高级以上专职研究人员组成的核心团队，较好发挥了领头作用。

在管理机制方面，建立首席专家负责制，主持全面工作，把握基金会发展方向、确定重点研究领域、审议各类成果及上报外发稿件、亲自主持重大课题和研讨活动、参与理论创新和对外发声。从政治立场、研究能力、研究成果、纪律作风等方面评价研究人员素质，形成以价值观为基础、以课题项目为纽带、以研究质量定报酬的人才管理与激励机制。对专家设置聘期，按期续聘，有进有出，在保持专家队伍规模的基础上，不断提升专家队伍的研究能力。实行奖优罚劣，对优秀成果按照《中信基金会优秀对策奖励办法》进行奖励；严格执行《中信基金会课题项目管理办法》，限制成果不达标课题经费报销和相关负责人新课题申报、续聘，保证研究质量。

在研究机制方面，创新研究方式，探索建立了一套能够打破领域限制、突破学科壁垒、融通年龄层级的活动机制和协同机制，加大研究的广度和深度。打通领域隔阂——持续跟踪研究国际战略重点问题，举办相关研讨会20余场，邀请各领域实务工作者和学术专家从政治、经济、金融、科技、战略、法律、舆论等不同角度，共同分析、研判国际关系走向与世界格局变化。突破学科壁垒——以问题为导向凝聚专家力量，建立国企研究中心、社会调研中心、中俄战略协作中心、金融研究中心、科技产业化研究中心、数智建造研究中心、中缅问题研究小组等机构和平台，由多领域、多学科专家人才组成团队开展联合攻关。融通年龄层级——坚持以老带新、新老搭配，如金融研究中心2021年开展的七项课题，均由金融行业和机构经验丰富的老领导老专家领衔，带领来自金融机构和科研机构的青年专家共同研究，老专家把方向、提思路，青年专家在指导下不断磨砺研究本领，团队合作完成高质量报告。

中信基金会通过推动体制机制创新，充分激发智库活力、激发智库研究人员创造力，为建设中国特色新型智库积累了经验。

荆林波，中国社会科学评价研究院党委书记、院长、研究员。享受国务院特殊津贴专家，新世纪"百千万人才工程"国家级人选，并且获得"有突出贡献中青年专家"荣誉称号。曾经荣获孙冶方经济科学奖、万典武商业经济学奖、商务部优秀成果一等奖、中国社会科学院优秀成果奖、全国首届信息化优秀成果奖、中国商业联合会科技进步一等奖，以及中国市场学会、中国物流学会、中国信息学会、中国国际贸易经济学会、中国商业经济学会、中国社会科学情报学会等多个学术组织和行业组织的奖励。

胡薇，中国社会科学评价研究院机构与智库评价研究室主任，副研究员，日本法学博士，金融学博士后，中华日本学会理事，全国日本经济学会理事，欧美同学会（中国留学人员联谊会）留日分会理事、副秘书长及留日分会青年委员会主任。研究领域包括智库建设与智库评价研究、国际金融制度比较研究、金融科技等。曾主持国家社会科学基金、国家高端智库重点研究课题等多个国家级、省部级研究项目，参与研制国家标准《人文社会科学智库评价指标体系》（GB/T40106-2021），参与撰写了多部学术著作。